Führmann ·

ERZIEHUNGSPROBLEME BEIM HUND

KOSMOS

Aussie Shean – der Jäger

Imponiergehabe – Verhalten bei Raufereien

ZUM GELEIT

Mit dem Problemverhalten, sei es eines unserer Artgenossen oder eines anderen Tieres, ist es wie mit der Schönheit. Es liegt meist im Auge des Beschauers. Wir haben ein Problem mit dem Verhalten von jemand anderem und nennen es dann Problemverhalten. Der bzw. die Andere hat oft gar kein Problem damit (Ausnahmen von ernsthaften Verhaltensstörungen gibt es natürlich). Und es kommt von innen, d.h. es hat meist vielfältige psychische und/oder physiologische Gründe.

Aber wer am kürzeren Hebel sitzt, und das tun Hunde natürlich in unserer Gesellschaft, der sollte sich auf solche rechtsphilosophischen Diskussionen über Schuld und Schuldfähigkeit besser nicht einlassen, sondern tun was die Mehrheit als unproblematisch von ihm bzw. ihr fordert. Wie aber weiß Hund was Mensch als problematisch betrachtet?

Das ist dann eine Frage guter Kommunikation, sprich einer Mitteilung dessen, was wir wünschen. Hier setzt eine gute Hundeausbildung an, und wer in der Frühphase seiner Mensch-Hund-Beziehung, die im Idealfall eben auch die zumindest späte Sozialisationsphase des Hundes umfasst, hier keine Fehler macht, muss leider dieses Buch auch nicht lesen.

Aber vielfach gibt es eben keine Idealfälle. In der realen Welt werden Fehler gemacht, wechseln Hunde ihre Besitzer, oder Besitzer ihr Verhalten, oder das soziale Umfeld, und plötzlich ist das Problem da.

Und der Hund soll es nun aus der Welt schaffen, indem er sich anpasst. Eigentlich unfair, aber so ist der Lauf der Welt ...

Das vorliegende Buch zeigt, wie man diese Unfairness wenigstens so verpacken kann, dass sie für den Hund akzeptabel wird, und er sich danach richten kann.

Ich kenne die Autorinnen aus etlichen Fortbildungsveranstaltungen und bin überzeugt, dass sie hierfür ideale Voraussetzungen mitbringen. Die vorgeschlagenen Vorgehensweisen fußen auf einem soliden Fundament verhaltensbiologischem Wissens, und aus Wissen wird Können durch richtige Anwendung.Die beiden können es.

Viele Lichtblicke beim Lesen und wenig Probleme mit Hunden wünscht

PD Dr. Udo Gansloßer

WO LIEGT DAS PROBLEM – BEIM MENSCHEN ODER BEIM HUND?

Dieses Buch verdeutlicht, dass viele Probleme, die wir Menschen mit unseren Hunden haben (Jagen, Aggressionen, Unrat fressen etc.), für den Hund noch lange keine sind. Dessen Verhaltensweisen werden häufig zu einer so großen Belastung für die Besitzer, dass sie resignieren und erwägen, sich von ihrem Hund zu trennen. Unsere Hunde nehmen einen großen Teil in unserem Herzen und in unserem Leben ein. Das ist auch gut so – denn wer möchte schon ohne Hunde leben! Trotzdem sollte man sie Hunde sein lassen dürfen. Ein Hund, der zu viele Privilegien genießt – oder wie Iris Franzke und Petra Führmann es nennen, „zu viel Verwöhnaroma“ bekommt – wird sich in der Hierarchie seines kleinen Rudels nach oben arbeiten: der eine unauffällig, indem er einfach nicht gehorcht, wenn man ihn ruft, der andere etwas drastischer, indem er beißt, wenn man an seiner Futterschüssel vorbeigeht.
Dennoch gilt es, unerwünschtes Verhalten zu kontrollieren, und so findet man in diesem Fachbuch professionelle Ratschläge, wie man seinen Hund zu einem zuverlässigen und positiv auffallenden Begleiter erziehen kann.Das Buch richtet sich sowohl an Hundetrainer als auch an interessierte Laien. Es gibt viele hervorragende Tipps, wie man verschiedene Situationen deuten und untragbare Verhaltensweisen seines Hundes korrigieren kann. Auch für Hundehalter, die keine Probleme mit ihrem Vierbeiner haben, ist das Buch ein Gewinn! Denn die beiden Autorinnen verstehen es hervorragend, kurzweilig und doch informativ exemplarische Problemsituationen aufzuzeigen. Wenn man ihre Ratschläge und Tipps bereits im Vorfeld beherzigt, kann man sich den langen und mühevollen Weg bestimmte Hunde-Verhaltensweisen zu korrigieren, ersparen.

Alles Liebe Perdita

Perdita Lübbe-Scheuermann,
Hunde-Akademie, Darmstadt

Iris Franzke und Petra Führmann demonstrieren eine Fremdkonditionierung mit der Disk.

ZU DIESEM BUCH

Sie haben einen Problemhund? Oder richtiger, Sie haben ein Problem mit dem Verhalten Ihres erwachsenen Hundes? In diesem Buch wollen wir Ihnen Fallbeispiele, Lösungsvorschläge und Ratschläge geben. In vielen Fällen wird es jedoch nötig sein, einen Fachmann oder eine Fachfrau aufzusuchen. Geeignete Adressen nennen wir Ihnen im Serviceteil.
Wir werden Sie in diesem Buch möglichst mit Fachausdrücken verschonen und auch keinen Exkurs zum Lern- und Sozialverhalten des Hundes unternehmen. Hierzu gibt es bereits viele fundierte und ausgezeichnete Bücher. Literaturvorschläge finden Sie ebenfalls im Serviceteil.
Allgemeine Erziehungsprobleme wie „Mein Hund kommt nicht, wenn ich Ihn rufe!" werden hier ebenfalls nicht behandelt. Zu diesen Fragen möchte ich Sie auf unser erstes Buch und das dazugehörige Video „Das Kosmos-Erziehungsprogramm für Hunde" verweisen. Das vorliegende Buch befasst sich mit gravierenderen Problemen: Ihr Hund zeigt manchmal seine Zähne? Und das eindeutig nicht zum Zähne putzen? Er zerstört Ihre Wohnung? Er bellt ohne Unterlass? Er knurrt jeden anderen Hund an? Oder er hat sogar schon einmal gebissen? Vielleicht sogar Sie oder ein anderes Familienmitglied? Dann sind Sie hier richtig! Wir hoffen, dass wir Ihnen mit unserem neuen Buch helfen können und dazu beitragen, dass Probleme gar nicht erst entstehen.

Auch Trennungsschmerz vom Besitzer oder Hundefreund kann Verhaltensveränderungen verursachen.

PSYCHISCH ODER PHYSISCH?

Muss mein Hund zum Psychiater?

In unserer psychologisierten Welt ist es üblich, allen Problemen psychische Ursachen zu unterstellen. Natürlich gibt es auch bei Hunden Verhaltensprobleme, die auf psychische Ursachen zurückzuführen sind.

Krankheitsbedingte Verhaltensauffälligkeiten jedoch kommen häufiger vor, als man glauben möchte. Alle diese Krankheiten oder Probleme können bei einem Hund auftreten, der äußerlich völlig gesund und munter erscheint: Schilddrüsenüber- oder unterfunktion, Hormonschwankungen, Tumore, Allergien, Schmerzen an Gelenken, Zähnen etc.

Es ist daher immer anzuraten, bei Verhaltensauffälligkeiten des Hundes einen Tierarzt aufzusuchen und den Hund gründlich untersuchen zu lassen. Dazu gehört auf jeden Fall auch ein sogenanntes „großes" Blutbild.

Selbst wenn ein anscheinend offensichtlicher Grund für psychische Probleme im Umfeld des Hundes vorhanden ist (z.B. Umzug, Verlust einer Bezugsperson), sollten Sie den Gang zum Tierarzt nicht als unnötig betrachten.

Ein Beispiel

Der Schäferhund „Rebell"

Der Langhaarschäferrüde Rebell wuchs im Haushalt von Petra Führmann mit einem anderen Schäferhundrüden aus dem Tierheim zusammen auf.

„Als Rebell ein Jahr alt war, trennte ich mich von meinem damaligen Partner", erzählt Petra Führmann. „Rebell blieb bei mir, der andere Schäferhund zog zu meinem Ex-Mann. Rebell trauerte sehr um seinen verlorenen Ziehvater, wurde sehr ruhig und fraß wenig. Bei Spaziergängen war er zwar immer noch relativ munter, im Haus jedoch wurde er immer ruhiger und trauriger. Natürlich schob ich dies auf die veränderten Lebensumstände und die Trennung von seinem Kumpel. Als Rebell jedoch nach einigen Wochen stark abmagerte, ging ich schließlich doch noch zum Tierarzt. Gerade noch rechtzeitig! Rebells Nieren hatten ihre Tätigkeit schon fast eingestellt und er stand kurz vor einem akuten Nierenversagen. Der Nierenschaden bestand schon längere Zeit und bereits vor der Trennung!"

DER AGGRESSIVE HUND

AGGRESSIONSFORMEN

Im Rahmen dieses Buches ist es leider nicht möglich, auf alle Ursachen und Formen der Aggression einzugehen. Wir möchten hierzu auf Fachliteratur wie „Ausdrucksverhalten beim Hund“ von Dr. Feddersen-Petersen und „Aggressionsverhalten bei Hunden“ von Dr. Renate Jones verweisen.

Was ist Aggression?

Aggression ist neben der Angst eines der größten Probleme im Zusammenleben mit Hunden. „Aggression“ ist eine Reaktion auf störende Umwelteinflüsse und zwar durch schädigende oder potenziell schädigende Verhaltensweisen (Gansloßer, 1998). Beispielsweise ist bereits das Drohen des Hundes ebenfalls als Aggression zu bezeichnen. Wir wollen uns hier jedoch nicht um ethologisch exakte Begriffe streiten, sondern rein praxisorientiert vorgehen, Beispiele und vor allem Lösungsmöglichkeiten aufzeigen. Wer sich auf theoretischer Ebene intensiver mit der Materie beschäftigen möchte, findet im Anhang geeignete Literatur. In der Praxis findet man selten eine Aggressionsform, die sich nur auf einen Punkt bezieht. Häufig vermischen sich die Ursachen oder verstärken sich gegenseitig. Dennoch möchten wir Ihnen einen Überblick über mögliche Ursachen geben.

Die häufigsten Formen der Aggression bei Hunden sind

Territorale Aggression – Beispiele

- Der Hund verbellt hinter dem Gartenzaun Passanten oder andere Hunde.
- Der Hund bedroht Briefträger oder andere Besucher.
- Der Hund verteidigt „seine“ Hundewiese oder sein Auslaufgebiet. Dies kann bei starker Ausprägung dazu führen, dass der Hund die Parkbank bewacht oder verteidigt, auf der man sich vor 5 Minuten niedergelassen hat.

Vielleicht gehen Sie täglich im gleichen Gebiet spazieren? Auch dann kann ihr Hund der Meinung sein, dass ihm das Gassigebiet „gehört". Schon hier wird es aber mit der Unterscheidung schwierig: Vielleicht verteidigt er gar nicht die Parkbank oder sein Auslaufgebiet, sondern seinen Menschen? Oder die Leckerchen in der Tasche seines Menschen? Dann müsste man es eher in die Rubrik „Ressourcenverteidigung" einordnen. Um jetzt eine genaue Beurteilung treffen zu können, sind viel mehr Informationen über das sonstige Verhalten des Hundes notwendig. Hüten Sie sich also vor vorschnellen Klassifizierungen!

Angstaggression Unsichere oder ängstliche Hunde zeigen aggressives Verhalten dann, wenn sie meinen, nicht mehr ausweichen zu können oder die Situation – in ihren Augen – zu bedrohlich wird. Oft handelt es sich um Hunde, die im Welpenalter eine unzureichende Sozialisierung auf Hunde, Menschen oder Umweltreize erhalten haben. Häufig sind diese Hunde bis zur Pubertät nur ängstlich, danach treten sie leider häufig die „Flucht nach vorne" an, um ihre eigene Unsicherheit zu kaschieren.

Erlernte Aggression

Meist entwickelt sich eine erlernte Aggression aus einem oder mehreren Zufällen heraus, die ihre eigentliche Ursache in den „natürlichen“ Formen der Aggression wie Angst oder territorialem Verhalten haben. Mit „Zufall“ ist natürlich nicht das Verhalten des Hundes gemeint – dies ist nie „zufällig“, sondern hat immer Ursachen –, wir bezeichnen als „Zufall“ eher das Aufeinandertreffen von Umständen.

Aggression gegenüber Artgenossen

Häufig zeigt sich aggressives Verhalten gegenüber gleichgeschlechtlichen Artgenossen, was nicht bedeutet, dass es nicht auch zwischen Rüde und Hündin auftreten kann. Selten ist dies ein eigenständiges Problem, meistens resultiert das unangemessene Verhalten des Hundes aus schlechter Sozialisierung, unerwünschten Erfolgserlebnissen oder – selten – aus selbst erlebten Übergriffen anderer Hunde.

Viele Menschen haben Angst vor großen Hunden. Gerade Schäferhunde mit ihrem wolfsähnlichen Aussehen werden häufig als bedrohlich empfunden.

Aggression gegenüber Menschen

Dies kann sowohl das Bedrohen oder Beißen fremder Menschen bedeuten als auch innerhalb der eigenen Familie auftreten. Die Aggression gegenüber Menschen ist natürlich keine eigene Aggressionsform, sondern kann beispielsweise schmerz-, angst-, territorial- oder krankheitsbedingt sein.

Aggression gegenüber anderen Tieren

Diese Form der Aggression kommt extrem selten vor. Katzen, Hasen, Rehe jagen ist keine Aggression, sondern Bestandteil des Jagdverhaltens. Sollten Sie einmal Gelegenheit haben, dies aus der Nähe zu beobachten, werden Sie feststellen, dass der Hund dabei neutral bis glücklich aussieht! Auch sehr kleine Hunde können übrigens unter Umständen ins Beuteschema passen und Jagdopfer anderer Hunde werden.

Ressourcen- und Privilegienverteidigung

Auch dies ist eigentliche keine eigenständige Form der Aggression im ethologischen Sinn, sondern hat seine Ursachen in den verschiedenen Funktionskreisen, lässt sich aber passend unter diesem Oberbegriff zusammenfassen und kommt in der Praxis sehr häufig vor.

Hier nähert sich ein Mensch einem im Gras liegenden Ball.

Futtermotivierte Aggression

Der Hund verteidigt seinen Futternapf oder sonstiges Futter. Futter, welches beispielsweise im Flur aufbewahrt wird (und seien es auch nur die Leckerchen in der Jacke, die dort hängt), kann dazu führen, dass der Hund sein territoriales Verhalten verstärkt. Futtermotivierte Aggression kann sich natürlich auch auf all das beziehen, was in unserem Sinne kein Futter ist: Faulende Äpfel im Gras, Müll oder herumliegende Kauknochen, die der Hund eigentlich keines Blickes mehr würdigt.

Beispiele

- Der Hund lässt niemanden an seinen Menschen heran oder duldet nicht, dass dieser einen anderen Hund streichelt oder einen anderen Menschen begrüßt (landläufig als Eifersucht interpretiert, streng genommen ist es eine

Verteidigung des Privilegs, selbst seinem Menschen nahe sein zu dürfen). Beliebt ist hier auch zu bellen, wenn der Mensch stehen bleibt und sich unterhalten möchte.

- Der Hund lässt niemanden an seinen Menschen heran, allerdings nicht aus dem oben genannten Grund, sondern weil dieser Leckerchen in der Tasche hat (oder ein heiß geliebtes Spielzeug).

Der Ball wird von diesem Hund sofort verteidigt.

- Die Verteidigung des Schlafplatzes, des Sofas oder irgendwelcher Räume. Wichtige Privilegien und Statussymbole werden von Hunden sehr gerne und häufig verteidigt. Es kann sehr zur Verwirrung des Menschen beitragen, wenn der Hund heute die rechte Wohnzimmerecke und morgen die linke Terrassenecke verteidigt. Häufig hat dies seine Ursache in irgendwelchen Futterresten (Kauknochen beispielsweise) oder Spielsachen, die dann dort unbemerkt vom Menschen herumliegen.

Schmerzbedingte Aggression

Diese Form der Aggression kommt relativ häufig vor. Zur Abklärung genügt auf keinen Fall, dass Sie selbst prüfen, ob der Hund gesund wirkt oder nicht. Bitte suchen Sie bei jeder Form von aggressivem Verhalten einen Tierarzt auf, selbst wenn Sie meinen, dass die Gründe woanders zu suchen sind.

Aggression aus Frustration

Auch ein zu hohes Maß an Stress kann zu aggressivem Verhalten beim Hund führen. Natürlich empfinden Hunde Stress völlig unterschiedlich. Was den einen ganz unberührt lässt, kann für einen anderen Hund sehr belastend sein.
Bei sehr aktiven und temperamentvollen Hunden kann auch dauernde mangelnde Auslastung zu unerwünschtem Verhalten führen. Gerade Rassen, die jahrhundertelang auf Arbeitsleistung selektiert wurden, vertragen es sehr schlecht, zum dekorativen Begleiter degradiert zu werden und geben sich nicht mit einem einstündigen oder gar noch kürzeren Spaziergang zufrieden. Häufig kommt es bei solchen Hunden zu scheinbar völlig unmotivierten Attacken auf Passanten oder andere Hunde. Oft sucht der verzweifelte Besitzer Erklärungen nach dem Motto „Er mag einfach keine Männer mit Vollbart“. Derartige Klassifizierungen nehmen Hunde extrem selten vor (uns ist noch kein einziger derartiger Fall begegnet), sondern der Hund sucht lediglich ein Ventil für seine überschüssigen Energien.

Eine häufig auftretende Situation: Eine Joggerin wird von einem Hund verfolgt.

EIN FALL AUS DER PRAXIS
ERLERNTE AGGRESSION

Max war ein netter, unkomplizierter Mischling im Alter von 7 Monaten. Einen vorbeikommenden Jogger fand Max eines Tages sehr interessant und hüpfte ihm in spielerischer Absicht hinterher. Leider fand der Jogger dies nicht in gleichem Maße nett und beschimpfte Max und seine Besitzerin Hanna auf das übelste. Hanna nahm sich dies sehr zu Herzen und versuchte fortan, ähnliche Situationen zu vermeiden, indem sie versuchte, Max angesichts von Joggern heranzurufen. Leider war Max' Gehorsam nicht zuverlässig genug und es gelang nicht immer.

Im Laufe von einigen Wochen übertrug sich die Aufregung und Unsicherheit von Hanna auf den pubertierenden Mischling und eines Tages bellte er aufgeregt einen Jogger an. Der erschrak sehr und lief, von Max verfolgt, weiter.

Diese weitere unangenehme Situation trug natürlich nicht dazu bei, dass sich Hanna wohler fühlte. Max hingegen hatte ein großartiges Erfolgserlebnis: „Mein Mensch fürchtet sich vor diesem Jogger und wenn ich ihn anbelle, läuft der Jogger ängstlich davon!"

Nach weiteren zwei Monaten war die gegenseitige Stimmungsübertragung von Mensch und Hund so weit gediehen, dass sich Max bellend auf jeden Passanten stürzte und zum Schluss schließlich sogar begann, zuzuschnappen. Interessant war, dass Max bei Spaziergängen mit Hannas erwachsener Tochter Meike Jogger völlig ignorierte, was schließlich nach einigen Unterrichtsstunden auch bei ihr selbst möglich wurde.

EIN FALL AUS DER PRAXIS
FUTTERAGGRESSION

Der kleine Münsterländer Sam lebte in einer Familie mit mehreren Erwachsenen. Die ersten Probleme traten kurz nach seiner Pubertät auf. Sam knurrte in verschiedenen Situationen. Immer war dabei irgendetwas Fressbares im Spiel. Die Familie wertete dies als normales Verhalten und nahm Rücksicht auf Sam. Nach einigen Monaten jedoch steigerte sich Sams Verhalten derart, dass es nicht mehr akzeptabel war. Beispielsweise trug er, von der Familie unbemerkt, vom Spaziergang einen Apfel mit ins Auto. Zu Hause angekommen, wurde die Heckklappe des Kombis geöffnet. Sam weigerte sich auszusteigen und drohte mit entblößten Zähnen. Da der Vater der Familie den Apfel nicht sah, wollte er Sam am Halsband nehmen. Sam interpretierte dies als Versuch, ihm den Apfel wegzunehmen und biss zu.

Einige Tage später erbrach sich der Hund im Wohnzimmer. Anschließend ließ er niemanden mehr den Raum betreten. Die Familie wusste sich nicht anders zu helfen, als den Hund mittels Würstchen aus dem Raum zu locken, um den Teppich säubern zu können.

Auch die Fütterung gestaltete sich schwierig, da Sam schon angesichts der Futterschüssel zu knurren begann. Kaum war sie auf den Boden gestellt, musste jeder fluchtartig den Raum verlassen, wenn er nicht gebissen werden wollte. Zu diesem Zeitpunkt war Sam ca. 1 1/2 Jahre alt.

Schließlich wendete sich die Familie an uns. Im Laufe des ersten Beratungsgesprächs zeigte sich, dass Sam im Grunde genommen ein unsicherer Hund war, den bereits die ungewohnte Gesprächssituation aufgrund unseres Besuches stark beunruhigte. Er saß unter der Eckbank und weigerte sich hervorzukommen. Das Gespräch gestaltete sich etwas schwierig, da immer wieder ein Familienmitglied unter den Tisch tauchte, um Sam doch noch hervorzulocken. Sam war eindeutig der absolute Mittelpunkt der Familie und genoss zahlreiche Privilegien. Hinzu kam, dass er keinerlei Erziehung erhalten hatte und stark unterfordert war. Sein mangelnder Gehorsam hatte dazu geführt, dass er ausschließlich an der kurzen Leine spazieren gehen konnte. Somit war der temperamentvollen Jagdhund natürlich viel zu wenig ausgelastet.

Der Familie fiel die Einhaltung der neuen Regeln, die wir Ihnen bei unserer ersten Beratung erklärt hatten, sehr schwer. Obwohl sie sich nicht an alles hielten, besserte sich das Verhalten von Sam im Laufe der nächsten Wochen deutlich. Selbstverständlich begannen wir auch sehr schnell mit einem Schleppleinentraining, um Sam mehr Auslauf zu gewähren.

Leider tauchten nach drei Monaten die alten Probleme wieder auf: Sam knurrte erneut. Ein weiteres Gespräch mit der Familie ergab folgende Situation: Nicht alle Familienmitglieder hielten sich noch an die besprochenen Regeln. Einen Maulkorb lehnte die Familie trotz unserer dringenden Empfehlung kategorisch ab. Insbesondere die Mutter der Familie nahm Sam immer öfter wieder mit zum Kuscheln aufs Sofa. Dies wurde von einigen weiteren Familienmitgliedern geduldet, andere wiederum bestanden auf der Einhaltung der Regeln. Dies war eine gefährliche Situation, die dazu beitrug, den ohnehin unsicheren Hund noch weiter zu verunsichern, da klare Regeln und Strukturen fehlten. Obwohl die Familie uns im Gespräch versicherte, sich wieder genauer an alle Regeln zu halten, kam es nach einigen Tagen zu folgendem Vorfall: Sam lag auf dem Sofa und kuschelte mit einem Familienmitglied, als der Vater der Familie den Raum betrat. Sam hob den Kopf und knurrte leicht. Der Vater, der Sam gar nicht vom Sofa herunter schicken wollte, trat mit beruhigenden Worten näher. Sam sprang auf und verbiss sich im Arm des Vaters. Dieser wurde so schwer verletzt, dass er ins Krankenhaus musste. Sam wurde auf Wunsch der Familie eingeschläfert.

Dies war eine bittere Erfahrung für uns als Hundetrainer. Es ist uns nicht gelungen, den Menschen die Wichtigkeit eines stabilen Umfeldes gerade bei unsicheren Hunden aufzuzeigen. Sam hätte nicht sterben müssen. Natürlich war nicht nur das Sofa Schuld an dem Scheitern. Das war nur exemplarisch für den uneinheitlichen Umgang der Familie mit Sam. Gerade das Hin und Her hat zur Eskalation geführt. Sam hatte offensichtlich geglaubt, die ungeklärte Situation zu seinen Gunsten ändern zu müssen.

Ein glücklicher und zufriedener Münsterländer

AGGRESSION GEGENÜBER FREMDEN HUNDEN

In unserer heutigen Gesellschaft wird jegliches aggressives Verhalten von Hunden nicht mehr toleriert, auch wenn es sich um völlig artgemäßes Verhalten handelt. Sich darüber zu beschweren, bringt uns allerdings auch nicht weiter.

Als Erstes sollte man sich vor Augen führen, dass wir von unseren Hunden eigentlich Unmögliches verlangen: Jeder andere Hund darf sowohl die eigenen Territoriumsgrenzen als auch die Individualdistanz unterschreiten und unser Hund soll sich auch noch darüber freuen. Normal im Sinne von arttypisch wäre, dass jeder fremde Hund innerhalb des eigenen Territoriums nicht geduldet wird. Ganz so streng wird dies aber – nicht zuletzt wegen der zunehmenden guten Sozialisierung von Hunden in Welpenspielgruppen etc. – von vielen Hunden nicht mehr gesehen. Trotzdem wird auch häufig „normales" Hundeverhalten wie Mobben, Kommentkämpfe (das sind ausschließlich unblutig ausgetragene Kämpfe) oder Verteidigen von Ressourcen wie Leckerchen in der Tasche des Besitzers oder Spielzeug in der Öffentlichkeit nicht mehr akzeptiert.

Der Übergang zwischen „normal", „angemessen" und „übersteigert" ist fließend und wird von jedem Hundebesitzer anders bewertet. Leider neigen viele Hundebesitzer, deren Vierbeiner „dominant" Auseinandersetzungen erfolgreich für sich entscheidet, dazu, ihren Hund als „Alphahund" oder „Kopfhund" zu bewerten und sein Verhalten achselzuckend hinzunehmen. Der Besitzer des unterlegenen Hundes sieht dies meistens ganz anders.

Daneben gibt es aber auch noch gesteigerte Formen der Aggression, die selbstverständlich weder angemessen sind noch geduldet werden können.

Der gesellschaftliche Druck ist in den letzten Jahren enorm gestiegen, und was noch zu Beginn meines Hundebesitzerlebens (Anfang der 80er Jahre) als völlig harmlose Rangelei abgetan und bei der auch ein Loch im Ohr oder im Bein als selbstverständlich hingenommen wurde, ruft heute die Maulkorb schwenkende Obrigkeit auf den Plan. Damit wollen wir jetzt keinesfalls die „gute alte Zeit“ als Ideal hinstellen, lediglich in diesem Punkt ging man früher ein wenig gelassener mit Hundebegegnungen um.

Aggression ist natürlich ein völlig normales Verhalten. Streng definiert stellt schon ein drohender Blick oder ein leichtes Nasenrunzeln beim Hund eine aggressive Handlung dar, die dazu dient, sich selbst zu schützen oder Ressourcen zu sichern.

Wir werden uns allerdings vornehmlich mit der unangemessenen Form beschäftigen. Nochmals: „Unangemessen“ ist eine rein menschliche Definition, die mit normalem Hundeverhalten unter Umständen überhaupt nichts gemein hat. Allerdings können wir nicht erwarten, dass sich die gesamte Gesellschaft mit Hundeverhalten auseinander setzt und zu Verhaltensexperten mutiert. Wir müssen uns also als Hundehalter anpassen und unseren Vierbeiner zu gesellschaftlich akzeptablem Verhalten erziehen.

Imponierverhalten bei der Hundebegegnung

Gibt es aggressive Welpen?

Auch Welpen zeigen und üben aggressives Verhalten. Dies ist notwendig und darf keinesfalls vollständig unterdrückt werden. Neigt der Welpe zu übersteigertem aggressivem Verhalten gegenüber anderen Hunden, ist regulierendes Eingreifen seitens des Menschen erforderlich. Vermeiden Sie Extreme: Das spielerische Knurren oder „Ohren langziehen“ beim Spielpartner ist völlig normal, auch ein Quietschen, wenn der Kumpel „es zu doll getrieben hat“! Hier sollte nicht eingegriffen werden! Wird aber immer wieder ein Welpe unterdrückt oder massiv attackiert, muss der kleine Rüpler kurz (ein paar Sekunden) aus dem Spiel entfernt oder auch gemaßregelt werden. Dies ist in gut geführten Welpenspielgruppen Aufgabe der Trainer, die auch ihr Tun dem Hundebesitzer gegenüber begründen können sollten.

Genauso extrem ist die gegensätzliche Einstellung „Hunde machen alles unter sich aus“. Darauf kann man sich keinesfalls verlassen und so mancher unsichere Hund wurde in der Welpenspielstunde noch weiter verunsichert, während der Überlegene sich als kleiner Rockerkönig etablieren konnte. Übersteigert aggressives Verhalten – mit Beschädigungsbeißen – ist bei Welpen sehr selten, wird aber in der Literatur hin und wieder erwähnt.
Ängstliche Welpen, die zu Drohschnappen neigen, benötigen natürlich kontrollierten positiven Kontakt mit anderen, möglichst sanften, d.h. sozial freundlich eingestellten Hunden. Mit viel Aufwand kann die Ängstlichkeit gemildert werden, einen vollständig sicheren Hund wird man jedoch angesichts eines massiven Prägungsdefizites nicht bekommen.

Aggressives Verhaltem beim Junghund

Beim Junghund kommt übersteigert aggressives Verhalten ebenfalls extrem selten vor, jedoch können sich hier die ersten Rüpler und Raufer zeigen, die – wenn nicht regulierend eingegriffen wird – ihr Verhalten perfektionieren und jenseits der Pubertät dann wirklich problematisch werden können. Sowohl

im Welpen- als auch im Junghundealter sind natürlich schmerzbedingte Aggressionen möglich.
Gerade Junghunde benötigen also wie in der Welpenzeit ständigen Kontakt mit Hunden ihrer Altersgruppe sowie möglichst vielen verschiedenen erwachsenen Hunden. Zeigen sich erste Ansätze zu Mobbing oder Überrennen anderer Hunde, muss der Mensch eingreifen und durch gezielte Begegnungen mit anderen geeigneten Hunden erreichen, dass sich dieses unerwünschte Verhalten beim Junghund nicht festigen kann. Eine gut geführte Spielgruppe ist hier extrem hilfreich!

Zwei Rüden begegnen sich. Wer ist der Stärkere?

Der helle Rüde gibt nach.

Dieses Aufreiten hat nichts mit Sexualverhalten zu tun. Der dunkle Rüde demonstriert damit seine Überlegenheit.

MOBBING

Was ist Mobbing? Hundliches Mobbing wurde schon vor vielen Jahren von Günther Bloch beschrieben – „Der Familienbegleithund im modernen Hausstand“– und kann dort nachgelesen werden. Mobbing ist ein absolut canidentypisches Verhalten, d.h. es tritt beispielsweise auch bei Wölfen und eben unseren Haushunden auf. Viele Hunde haben schlicht und ergreifend Spaß daran, andere Hunde (oder auch Menschen!) zu erschrecken, ein wenig zu kneifen oder auch zu jagen. Weder geht es hier um eine – unter fremden Hunden – nicht existierende Rangordnung noch um sonst etwas Wichtiges, sondern nur um den Spaß, sich als überlegen darzustellen. Bei manchen Hunden festigt sich dieses Verhalten so sehr, dass sie nicht mehr spielen, sondern nur noch Ausschau nach geeigneten Opfern halten. Mobbing kann mitten aus einer Spielsituation heraus entstehen und auch in ernsthaftes Jagdverhalten, dann oft mit Beschädigungsbeißen, „kippen“.

Diese beiden Hunde haben einfach nur Spaß!

Typische Mobbing-situationen

- Ein unsicherer Hund wird gejagt und während des Rennens heftig gezwickt oder überrannt. Häufig lassen sich andere Hunde davon anstecken und beteiligen sich an der Hetzjagd. Das kann für kleinere Hunde tödlich enden!
- Zwei Hunde begegnen sich beim Spaziergang. Einer der beiden zeigt eine unsichere Körpersprache. Daraufhin stürzt der andere – manchmal mit lautem Bellen – auf ihn zu und scheucht ihn weg oder überrennt ihn.
- Jüngere oder unsichere Hunde werden auf den Rücken gedreht und dürfen nicht wieder aufstehen.
  Achtung: Hier ist die Unterscheidung zu „normalem" Verhalten sehr schwierig!
- Manche Passanten werden unvermutet heftig verbellt oder gar – meist von hinten – gezwickt.

Mobbing unbedingt unterbinden!

Mobbingverhalten sollte auf jeden Fall unterbunden werden, auch wenn sich nur erste Ansätze zeigen. Viele Hunde lernen Mobbing durch zufällige Begegnungen und Erfolgserlebnisse und merken, wie viel Spaß es macht. Meistens können sie schnell sehr gut einschätzen, bei wem sich eine Mobbingattacke lohnt und bei wem nicht. Bei ernsthaften Mobbern, die bereits regelmäßig zuzwicken, sollte ein Maulkorb verwendet werden, um weitere Erfolgserlebnisse zu unterbinden. Wichtigste Regel ist es, das Mobbingverhalten auf längere Zeit hin zu unterbinden. Gelingt dies einige Wochen, verlernt der Hund mit etwas Glück das unerwünschte Verhalten. Dies klappt natürlich nicht bei allen Hunden. Manche ausgeprägte Mobber bleiben immer Mobber. Diese müssen natürlich stets kontrolliert werden. Bei Begegnungen mit potenziellen Mobbingopfern ist also auch in Zukunft immer Vorsicht geboten, da das Verhalten schnell wieder hervorgerufen werden kann. Ohne den regelmäßigen Besuch einer gut geführten Spielgruppe ist eine Korrektur des Verhaltens sehr schwierig und langwierig, da man im Alltag seltener Gelegenheit bekommt, erfolgreich regulierend einzugreifen.

Korrektur eines Mobbers

Ist das Mobbingverhalten sehr stark ausgeprägt und/oder gegen Menschen gerichtet, sollte bis zu einer erfolgreichen Umerziehung außerhalb des Hauses ein Maulkorb getragen werden.

Lösungsvorschlag

- Beachtung des Basisplans (siehe S. 116).
- Verbesserung des Grundgehorsams: Beginnen Sie mit dem Training an der Schleppleine (erst 5-m-Leine, dann 10m-Leine), Verbessern Sie die Reaktion des Hundes auf **SITZ** und **PLATZ** auch unter Ablenkung.
- Vermeiden Sie in der ersten Phase den Kontakt mit potenziellen Mobbingopfern und Situationen, in denen es leicht zum Mobbing kommt.
- In der Spielgruppe wird jeder Ansatz zum Mobben seitens des Trainers oder des Besitzers konsequent unterbunden.
- Außerhalb der Spielgruppe suchen Sie bei wachsendem Gehorsam des Hundes immer öfter Hundebegegnungen. Beobachten Sie Ihren Hund gut. Natürlich darf er Kontakt mit anderen Hunden aufnehmen. Legt er sich jedoch auf die Lauer oder fixiert eindeutig, sollten Sie ihn sofort stoppen. Ist der Gehorsam im Allgemeinen schon gut gefestigt, kann ein Abbruchsignal eingesetzt werden.

Das Üben mit der Schleppleine: Gehen Sie mit der aufgewickelten Leine los.

Lassen Sie den aufgewickelten Teil der Leine auf den Boden fallen. Die Schlaufe behalten Sie dabei in der Hand. Entfernen Sie sich schnell vom Hund.

Der Hund kommt hinterher. Wenn er bei Ihnen ist, belohnen Sie ihn.

ÜBUNGSPLAN SCHLEPPLEINENTRAINING

	Wie wird's gemacht?	Wo?	Wie oft üben?	Hilfe, es klappt nicht!	Lernziel
Schritt 1	Arbeit an der 5-m-Leine. Der Hund muss ein breites Halsband tragen (keine Kette, Zughalsband etc.). 5-m-Leine aufwickeln. Aufgewickelte Leine in eine Hand nehmen, Schlaufe in die andere. Einige Meter loslaufen, abwarten, bis Hund zieht oder unaufmerksam ist. Aufgewickelte Leine loslassen und schnell in die entgegengesetzte Richtung laufen. Wenn Hund hinterherkommt, stehenbleiben, Hund loben und Leckerchen geben (aber nur, wenn er zu Ihnen kommt und nicht an Ihnen vorbeiläuft).	Zu Hause im Garten oder draußen ohne Ablenkung.	Mindestens fünf- bis sechsmal täglich. Sobald Ihr Hund keinen Ruck mehr erhält, die Wendungen also sofort mitvollzieht, können Sie die Ablenkung langsam steigern. Ca. ein bis zwei Wochen.	Unbedingt Übungen auf zehn- bis zwanzigmal täglich steigern!	Der Hund orientiert sich an Ihnen und vollzieht Richtungswechsel mit.
Schritt 2	Zur 10-m-Leine wechseln, wenn es an der 5-m-Leine wirklich gut klappt. Sie können dann ohne Ablenkung die Leine schleifen lassen, jedoch nur, wenn der Hund den Radius von 10 m gut einhält. Ansonsten die Leine in der Hand behalten, häufige Richtungswechsel einbauen und zwischendurch immer wieder an der 5-m-Leine üben.	Bei jedem Spaziergang!	Bei jeder Gelegenheit, der Hund darf NIE ohne Schleppleine laufen, außer natürlich, wenn er an der kurzen Leine ist. Mehrere Wochen.	Sie sind zu schnell vorgegangen! Schritt 1 wiederholen.	Der Hund hält einen ungefähren Radius von 10 m um Sie herum ein.
Schritt 3	Rufen, auch unter Ablenkung. Rufen Sie Ihren Hund (nachdem Sie die Schleppleine aufgenommen haben oder mit dem Fuß darauf getreten sind). Wenn er nicht sofort kommt, rennen Sie mit der Schleppleine in die entgegengesetzte Richtung. Lob und Leckerchen nicht vergessen!	Bei jeder Gelegenheit, auch unter Ablenkung.	Täglich mindestens zwanzigmal. Mehrere Wochen.	Wenn Sie die vorherigen Schritte gewissenhaft beachtet haben, zur Disk oder Wurfkette übergehen.	Der Hund lässt sich auch bei mittlerer Ablenkung rufen.
Schritt 4	Beginnen Sie, die Schleppleine langsam zu verkürzen (wöchentlich maximal 50 cm!). Nehmen Sie sie auf keinen Fall einfach ab! Dies gilt nur, wenn Sie Ihren Hund aus wirklich jeder Situation heraus rufen können (notfalls mit Hilfe der Disk oder Wurfkette). Klappt das noch nicht, d.h., Sie müssen die Schleppleine hin und wieder benutzen, dürfen Sie sie auch noch nicht kürzer schneiden.	Bei jeder Gelegenheit.	Täglich mindestens zwanzigmal. Falls Ihr Hund gerade in der Pubertät ist, Ende der Pubertät abwarten, bevor Sie mit dem Kürzen beginnen.	Sie sind zu schnell vorgegangen. Zurück zu Schritt 2.	Sie können Ihren Hund auch aus schwierigen Situationen heraus rufen.

Hinweise zum Einsatz der Schleppleine finden Sie auf folgenden Seiten: S. 36, 66, 86 und zu folgenden Themen: Anti-Jagd-Programm, Leinenrüpler, Aggressio gegenüber Passanten und anderen Hunden.

AGGRESSIVITÄT AN DER LEINE

Eines der häufigsten Probleme bei der Hundehaltung stellt der sich wie wild gebärdende Hund an der Leine angesichts von Artgenossen dar. Viele der schlimmsten Pöbler sind ohne Leine absolut friedfertige und spielbereite Zeitgenossen. Sind Sie sich dessen nicht sicher, sollten Sie es nur unter fachkundiger Anleitung und mit Maulkorb testen!

Eine unangenehme und schwierige Situation. Das können Sie ändern.

Auch wenn es wirklich so ist, nützt dies jedoch dem geplagten Hundehalter nicht immer etwas, da es ja viele Situationen gibt, in denen es nicht möglich ist, die Hunde von der Leine zu lassen. Meist ist auch der andere Hundebesitzer verständlicherweise nicht mehr bereit, angesichts der an der Leine „tobenden Bestie“ einen Spielversuch zu wagen. Auch unbeteiligte Passanten fühlen sich belästigt oder gar bedroht und sich in ihrer Hundeangst bestätigt. Verbellt der Hund Menschen, ist es ebenfalls nicht sinnvoll, den Hund von der Leine zu lassen. Auch – oder gerade – wenn er bis jetzt wirklich nichts getan und immer nur gespielt hat. Es kann immer ein erstes Mal geben.

Viele Hundehalter versuchen vergeblich, Ihren Hund durch Streicheln oder freundliches Zureden zu beruhigen. Klappt dies nicht, greifen sie zu Leinenrucken (oft sogar mit Stachelhalsband als „letzte Möglichkeit"), schimpfen oder bestrafen den Hund. Beide Methoden sind jedoch nicht vom Erfolg gekrönt. Bestrafungen (und sei es auch nur in Form von Schimpfen) sind in der Regel genauso unwirksam, da der Hund entweder noch mehr in Stress gerät, weil er das Schimpfen mit dem verbellten Objekt und nicht mit seinem Bellen verknüpft hat oder sich gar bestätigt fühlt, da sein Mensch ja so toll mitbellt. Solange der Mensch nicht in der Lage ist, seinen Hund zu korrigieren, hilft nur Ignorieren. Wie Sie Ihren Hund richtig korrigieren, finden Sie im Kapitel „Leinenaggression abgewöhnen" (S. 32).

Üben Sie Blickkontakt zu halten

So funktioniert es besser.

URSACHEN DER LEINENAGGRESSION

Verbellen von Menschen außerhalb des eigenen Territoriums

Mangelnde Sozialisation in der Welpenzeit

Unsichere Hunde, die in ihrer Welpenzeit zu wenig Erfahrungen mit fremden Menschen machen konnten, neigen nach der Pubertät (manchmal auch schon während der Welpenzeit) dazu, die ihnen unangenehme Konfrontation mit fremden Menschen durch Verbellen zu umgehen. Meist reichen ein, zwei Erfahrungen, dass der kontaktbereite Mensch zurückweicht, wenn er angebellt wird, um das Verhalten des Hundes zu etablieren. Schließlich ist es eine Belohnung, wenn der für den Hund unangenehme und Angst einflößende Mensch sich entfernt. Womöglich verstärkt auch der Hundebesitzer noch das Verhalten des Hundes, indem er ihm „gut zuredet“ oder ihn streichelt (positive Verstärkung) oder schimpft (negative Verstärkung).

Hier wird unter Umständen gerade die Tendenz zum Verbellen bestärkt.

Vom Besitzer anerzogen

Der (meist noch junge) Hund möchte zu einem anderen Menschen laufen und zieht an der Leine. Der Mensch redet beruhigend auf den Hund ein, streichelt und lässt den Hund womöglich dann doch noch hin. Der Hund hat also ein Erfolgserlebnis. Das Ziehen an der Leine wird dabei auch gleich noch verstärkt ...

Beim nächsten Mal winselt er womöglich, was zu einer noch prompteren Belohnung (hinlassen) oder verstärkter Zuwendung seitens der Menschen führt. Zum Bellen ist es dann nicht mehr weit. Oft hört der Mensch das erste Winseln gar nicht und ist sich nicht bewusst, was er seinem Hund da beibringt.

Bellen aus Frustration

Der Hund möchte unbedingt zu einem anderen Hund oder Menschen hinlaufen und wird durch die Leine daran gehindert. Aus Frustration beginnt er zu bellen. Dies wird dann in der Regel durch den Besitzer positiv oder negativ verstärkt und der Kreislauf beginnt. Dieses Verhalten tritt oft bei Hunden auf, die in anderen Situationen gelernt haben, dass forderndes Bellen belohnt bzw. beachtet wird.

Bellen aus Schreck

Dieses Bellen ist meist mit einer Stimmungsübertragung durch den Menschen kombiniert.

Dieser Hund ist frustriert, er macht sich „Luft“.

BELLEN AUS SCHRECK

Eine Kundin von uns ging mit ihrem ca. 6 Monate alten Hund spazieren, als ein Jogger vorbeikam. Der junge Hund wollte freundlich Kontakt zu dem Menschen aufnehmen. Der Jogger jedoch wandte sich ihm zu und bedrohte laut schreiend die Hundebesitzerin: „Nehmen Sie Ihren Köter an die Leine oder ich knall ihn ab!“

Der junge Hund erschrak sich sehr. Seine Angst wurde durch die Angst der Besitzerin natürlich noch verstärkt. Bei der nächsten Joggerbegegnung rief die Hundehalterin ängstlich erregt ihren Hund zu sich, der ihre Angst nach mehreren derartigen Begegnungen natürlich mit dem Jogger verknüpfte. Während der Pubertät des Hundes ging vermeintlich noch alles gut, doch mit zunehmender Selbstsicherheit des Hundes begnügte er sich nicht mehr damit, zu seiner Besitzerin zurückzulaufen, sondern ging tatkräftig bellend dem Jogger entgegen.

Auch dies geschah nicht von heute auf morgen, sondern wurde von der Besitzerin ungewollt unterstützt, indem sie ihren Hund beim ersten leisen versuchsweisen Knurren streichelte und „beruhigte“. Der Hund wurde dadurch immer wieder ermutigt. Außerdem hatte er noch beim Jogger „Erfolg“, schließlich lief der ja weg!

Auch bei einem erwachsenen, 5-jährigen Golden-Retriever-Rüden ergab sich das Fehlverhalten des Hundes durch einen dummen Zufall: Die Besitzerin ging bei Beginn der Dämmerung mit ihrem Hund spazieren, als ein Mann plötzlich aus dem Gebüsch auf den Weg sprang. Der Mann hatte sich ins Gebüsch zurückgezogen, da er ein „dringendes Bedürfnis verspürt hatte“ und war nun auf den Weg zurückgekehrt.

Alle drei – Frau, Mann und Hund – erschraken sehr, der Mann schrie kurz auf und riss die Arme hoch, was den eigentlich sehr friedfertigen und gutmütigen Retriever schließlich doch zum Bellen veranlasste. Der Mann bekam Angst und wich zurück, dabei beschimpfte er die Frau und den Hund. Die Besitzerin hatte natürlich auch einen Schreck durch das plötzliche Auftauchen des Mannes bekommen und versuchte, ihren bellenden Hund einzufangen. Dieses einmalige Erlebnis hatte den Rüden so misstrauisch gemacht, dass er fortan jeden entgegenkommenden Mann anknurrte. Die Besitzerin wiederum verstärkte dies durch Beruhigen oder Schimpfen.

Vorsicht Stimmungsübertragung!

In allen Fällen kommt dann sehr schnell noch eine ungewollte Stimmungsübertragung durch den Menschen hinzu: Man ist selbst verunsichert oder verärgert über das Verhalten des Hundes und vermittelt über Stimmungsübertragung dem Hund diese Gefühle. Dies wiederum steigert das Verhalten des Hundes. Glauben Sie nicht, dass Sie Ihren Hund täuschen können: Noch die geringste Emotion oder Reaktion Ihrerseits wird er durch Ihre Körpersprache wahrnehmen oder in vielen Fällen auch riechen können.

LEINENAGGRESSION ABGEWÖHNEN

Da die Leinenaggression in der Regel schon längere Zeit besteht und daher das Verhalten beim Hund sehr gefestigt ist, führt kein Weg an einem ausführlichen Training vorbei.
Sie können sich leider nicht nur einen oder zwei Trainingspunkte herauspicken, dies wird bei diesem Problem kaum zur Milderung führen.

Lösungsvorschläge

- Beachtung des Basisplans
- Verbesserung des Grundgehorsams: Beginnen Sie mit dem Training an der Schleppleine (erst 5-m-Leine, dann 10-m-Leine), Verbessern Sie die Reaktion des Hundes auf **SITZ** und **PLATZ** auch unter Ablenkung. Beginnen Sie nicht gleich mit den schwierigsten Ablenkungen, sondern steigern Sie langsam!
- Futterreduzierung zu Hause, dafür draußen mehr Futter als Belohnung und für Suchspiele etc. Unter Umständen bekommt der Hund zu Hause überhaupt nichts mehr zu fressen.
- Haltigewöhnung und Einsatz des Haltis an der kurzen Leine. Muss Ihr Hund draußen an der Schleppleine laufen, sollte er zusätzlich das Halti mit einer kurzen Schnur daran tragen. Achtung! Schleppleine keinesfalls am Halti befestigen!
- Versuchen Sie bei entgegenkommenden „Opfern“ zuerst einmal, ein Alternativverhalten des Hundes zu festigen: Heranrufen, **SITZ** verlangen, Blickkontakt verlangen mit Hörzeichen **GUCK MAL** oder **SCHAU** (siehe auch S. 154), belohnen.

Ein gut sitzendes Halti

Hierbei dürfen Sie den Schwierigkeitsgrad nur langsam steigern, d.h. Sie beginnen erst einmal in Situationen, in denen dies auch klappt, beispielsweise, wenn ein anderer Hund noch weit entfernt ist. Seien Sie nicht zu geizig mit den Leckerchen! Zu Beginn des Trainings kann es durchaus sein, dass Sie während der Hund sitzt ein Leckerchen nach dem anderen aus der Tasche holen, kurz hochhalten, Hörzeichen wiederholen, Hund bekommt es usw.

- Mit zunehmender Übung verlängern Sie ein wenig den Zeitraum zwischen der Leckerchengabe, bis schließlich nur noch eines am Schluss reicht. Wichtig ist hier ein gutes Timing, sonst schaffen Sie völlig unerwünschte Verknüpfungen beim Hund. Er darf das Leckerchen wirklich nur bekommen, wenn er deutlich Blickkontakt zu Ihnen aufnimmt!
- Natürlich dauert es je nach Hund relativ lange, bis das Verhalten so weit gefestigt ist, dass es auch im alltäglichen Leben funktioniert. So lange ist das Halti für Sie eine kurzfristige Hilfe bei entgegenkommenden Hunden: Fassen Sie die Haltileine ganz kurz unterhalb des Karabiners und gehen Sie so flott wie möglich an Ihrem Kontrahenten vorbei. Ignorieren Sie dabei jegliche Zappeleien Ihres Hundes und verhindern Sie lautes Bellen durch das kurzgehaltene Kopfhalfter. Dies ist natürlich nur eine Hilfe, bis das sonstige Training wirkt.

Die kurze Haltileine wird hier als schnelle Hilfe bei Hundebegegnungen eingesetzt.

TIPP

Eine andere Möglichkeit bei Hunden, die sehr gerne und ausdauernd etwas tragen, ist es, ihnen einen Dummy oder ein Spielzeug zu geben. Mit vollem Maul bellt es sich schlecht! Dies klappt natürlich nur, wenn Ihr Hund das Spielzeug nicht doch noch ausspuckt und bellt. Probieren Sie es einfach mal aus. Lässt er es fallen, sollten Sie es nicht mehr verwenden, da die Aggression des Hundes womöglich durch den Spielzeugbesitz sonst noch gesteigert wird.

- Natürlich lässt es sich nicht vermeiden, während der Trainingsphase auch in wirklich schwierige Situationen zu geraten, in denen sich Ihr Hund noch nicht ablenken lässt. Jetzt kommt wieder das Halti zum Einsatz: Tobt Ihr Hund sehr, fassen Sie die Haltileine und die Halsbandleine zusammen in einer Hand sehr kurz und gehen zügig weiter.
- Wenn Sie sich an alle Punkte halten, müsste sich das Verhalten des Hundes weitgehend bessern, vielleicht bleiben noch einige Situationen zurück, in denen es mit dem Alternativverhalten nicht klappt. Dann sollten Sie den Hund auf ein Abbruchkommando einstellen, am besten über die Disk (siehe S. 126).
- Warten Sie nach erfolgreicher Konditionierung auf die Disk beim Einsatz nicht, bis Ihr Hund mit voller Kraft bellt. Gehen Sie weiterhin nach dem gewohnten Schema vor: „Opfer" naht: Hund heranrufen, **SITZ** und Blickkontakt verlangen. Die Disk haben Sie griffbereit. Dulden Sie (mittels Halti) nicht, dass Ihr Hund das „Opfer" fixiert. Sobald er knurrt, geben Sie das Abbruchkommando und setzen – wenn nötig – die Disk ein. Lob und Bestärkung nicht vergessen!

Manche Hunde tragen sehr gerne ein Spielzeug oder wie hier ein Dummy. Probieren Sie es einfach aus, vielleicht hilft der Tipp (siehe oben) auch bei Ihrem Hund.

KASTRATION

Hilft eine Kastration bei Verhaltensproblemen?

Im Rahmen dieses Buches beschäftigen wir uns ausschließlich mit den möglichen Verhaltensänderungen des Hundes durch Kastration. Da die medizinische Forschung gerade im Heimtierbereich stets voranschreitet, sollten Sie sich mit medizinischen Fragen an Ihren Tierarzt wenden.
Generell ist zu bemerken, dass eine Kastration niemals ausschließlich ein Verhaltensproblem lösen kann. Hier wird oft zu leichtfertig und unüberlegt „zum Messer gegriffen". Diese Beobachtung wurde auch durch die 2002 von Dr. Gabriele Niepel durchgeführte Befragung von vielen Hundebesitzern leider bestätigt. Bei manchen Problemen hingegen kann eine Kastration oft hilfreich sein und eine Korrekturerziehung unterstützen. Bei Aggressionen gegenüber Menschen – egal, ob Familienmitglieder oder Fremde – nützt eine Kastration nichts. Sie ist nur dann hilfreich, wenn das Verhalten im weitesten Sinne sexuell motiviert ist. Davon kann man sprechen:

- wenn die Aggression der Hündin gegenüber anderen Hündinnen im zeitlichen Zusammenhang mit (d.h. vor, während oder nach) der Läufigkeit oder Scheinschwangerschaft steht.
- bei Aggression des Rüden gegenüber fremden Rüden, sofern diese sexuell motiviert ist.
- bei Aggression von Rüden gegenüber Rüden innerhalb der eigenen Familie, wenn es sich um den rangniedrigeren handelt.
- bei Hypersexualität.

Keinen Sinn macht eine Kastration bei:

- Jagdverhalten.
- territorialem Verhalten.
- Separationsangst.
- Mobbing.
- Futteraggression.

Imponierverhalten pur

Wann kastrieren? Sobald Sie erstmals unerwünschtes Verhalten bei Ihrem Hund registrieren, sollten Sie dieses keinesfalls beschönigen oder Entschuldigungen suchen. Setzen Sie Ihren Hund häufiger ähnlichen Situationen aus. Zeigt sich das Verhalten regelmäßig oder steigert sich gar, sollten Sie ernsthaft über eine Kastration nachdenken. Sind Sie sich in der Bewertung des Verhaltens unsicher, so suchen Sie einen erfahrenen Hundeerzieher auf, dessen Erfahrung sich nicht nur auf sportliche Erfolge stützt.

Wenn Sie eine der oben genannten Gründe für das unerwünschte Verhalten Ihres Hundes feststellen können, sollten Sie sich frühzeitig für eine Kastration entscheiden, da sonst die Gefahr besteht, dass sich das Verhalten festigt und als festes Verhaltensmuster beim Hund etabliert wird.
Frühzeitig meint, dass Sie das Verhalten nicht über Monate hinweg beobachten und auf „Selbstheilung" hoffen. Die Chance, dass sich das Verhalten dann noch durch eine Kastration etwas zum Besseren verändert, sinkt mit wachsendem Alter des Hundes. Allerdings haben wir auch schon bei älteren Hunden verblüffende (erwünschte!) Verhaltensänderungen nach der Kastration feststellen können.

Nachteile der Kastration

- Fellveränderungen: Das Fell wird weicher und stumpfer – es tritt allerdings selten und nur bei langhaarigen Hunden auf.
- Inkontinenz: Sie tritt in der Regel nur bei Hündinnen großer Rassen auf, bei Rüden ist sie möglich, aber selten.
- Verstärktes Wachstum kann bei zu früher Kastration vorkommen.
- Entgegen der landläufigen Vorurteile wird der Hund nicht zwangsläufig fett, träge und auch nicht dumm. Gerade das Erstere wird häufig behauptet. Unbestritten ist, dass bei manchen Hunden der Energiebedarf sinkt, da sie weniger Stress und Aufregung ausgesetzt sind. Bei anderen hingegen steigt der Appetit. Beides jedoch ist vom Menschen zu

regulieren und kann durch entsprechend weniger Futter (oder durch Kalorien reduziertes Futter) gesteuert werden.

- Kastrierte Rüden werden manchmal von in der Regel unerfahrenen oder hypersexuell motivierten unkastrierten Rüden bedrängt. Dies liegt daran, dass manche Rüden eine simple Gleichung aufstellen: Keine männlichen Hormone = Hündin. Häufig handelt es sich dabei um hypersexuell motivierte Rüden. Meist hat der Kastrat jedoch keine Probleme damit oder lässt es nicht zu. Andernfalls sollten Sie den anderen Hundebesitzer bitten, seinen Hund zu entfernen.
- Bei unsicheren Rüden kann sich eine Kastration sowohl negativ als auch positiv auswirken. Wird der Rüde häufig als Prügelknabe benutzt, kann ihn eine Kastration „aus der Schusslinie" der Raufer nehmen. Ist er hingegen generell unsicher, fehlen ihm eventuell die männlichen Hormone als Unterstützung.
- Hündinnen wird nachgesagt, nach der Kastration häufig noch aggressiver zu werden. Dies sollte unserer Meinung nach differenzierter betrachtet werden. Häufig sind Hündinnen, die zu ständigen Scheinschwangerschaften neigen, gestresst und aggressiv. In diesen Fällen verringert eine Kastration meist das Auftreten von aggressiven Verhaltensweisen. Sehr selbstbewusste Hündinnen hingegen können nach der Kastration durchaus noch mehr Chefgehabe zeigen.

Viel Bewegung und kontrollierte Fütterung verhindern die gefürchtete Gewichtszunahme nach der Kastration.

VERHALTEN BEI RAUFEREIEN

Behalten Sie einen kühlen Kopf

Zügig weitergehen

Erst einmal gilt es, Ruhe zu bewahren. Versuchen Sie genau zu beobachten: Wie ernst erscheint Ihnen die Sache? Wenn es mit lautem Getöse und Gebelle zugeht und die Hunde wie wild herumspringen, ist es meistens nicht besonders ernst, sondern ziemlich viel „Schau" dabei. Deshalb ist es hier am besten, wenn beide Besitzer ruhig und zügig weiter gehen – in die entgegengesetzte Richtung natürlich. Und erst wenn sie so um die 50 Meter weit von den beiden Kontrahenten entfernt sind, sollten sie stehen bleiben und auf ihr Tier warten. Am besten pfeift man ein Liedchen, während man weggeht, damit die Hunde auch wahrnehmen, dass sich der Besitzer entfernt. Ist der Kampf noch nicht zu erbittert, nehmen die meisten Hunde dies erstaunlicherweise noch wahr.

Oft reicht dies schon aus, um zumindest einen der beiden so zu verunsichern, dass er klein beigibt. Außerdem verlieren die meisten Rüden schnell das Interesse an einer Rauferei, wenn keiner zusieht und die eigenen Menschen weder beschützt werden müssen noch ihren Hund zu beschützen bereit sind, also ganz offensichtlich nicht „mitmischen“ wollen.
Leider ist jedoch auch genau das Gegenteil zu beobachten: Wenn auch die Menschen sich wild gebärden und aggressiv verhalten, sehen die Hunde darin häufig eine Aufforderung, es ihnen gleichzutun.

Diese beiden Hunde raufen nicht. Der Hovawart zeigt deutlich deeskalierendes Verhalten gegenüber dem Mischling.

Raufer richtig trennen

Schwieriger wird es dagegen, wenn es leise und wirklich erbittert zugeht. Dann kann man natürlich nicht einfach weitergehen und so tun, als ob man nichts damit zu tun hätte. In solch einem Fall, der wirklich gefährlich für ein Tier werden und schlecht ausgehen kann, sollten Sie alles daran setzen, die beiden zu trennen. Und zwar gemeinsam und in direkter Absprache mit dem Besitzer des „gegnerischen" Hundes. Allerdings ist dies natürlich zugegebenermaßen leichter gesagt als getan.
Handelt es sich um zwei ungleiche Kämpfer, ist der eine beispielsweise sehr viel kleiner, älter oder schwächer als der andere, sollten Sie ebenfalls versuchen, die Hunde zu trennen. Hierzu gibt es verschiedene Möglichkeiten.

Vorsicht, Verletzungsrisiko!

Bitte beachten Sie aber, dass jedes Eingreifen in eine Hundebeißerei ein nicht zu unterschätzendes Verletzungsrisiko für den Menschen bedeutet. Es kann durchaus passieren, dass der Hund seinen eigenen Menschen im Eifer des Gefechts „erwischt".

Trennen mittels Wasser

Die einfachste, aber praktisch kaum durchführbare Möglichkeit ist es, einen Eimer Wasser über die beiden Hunde zu kippen. Oder einen Wasserschlauch einzusetzen. Leider hat man jedoch diese Utensilien auf der Hundewiese oder beim Waldspaziergang kaum zur Hand.

Mit Schlüsselbund oder Leine

Zu Beginn der Auseinandersetzung kann man die Hunde mit etwas Glück oft noch mit einem dazwischen geworfenen Schlüsselbund oder einer Leine stoppen. Dazwischen, nicht auf die Hunde! Der Beginn ist auch nicht der Punkt, an dem sich beide aufeinander stürzen! Sondern als Beginn ist bereits

das erste Abschätzen des „Gegners" und das erste Austesten seiner mentalen Stärke gemeint. Natürlich ist es alles andere als leicht, dies genau zu beurteilen. Schließlich besteht in diesem Moment noch die Möglichkeit, dass beide Hunde zu der Einschätzung kommen, sich besser nicht zu streiten.

Genaues Beobachten solcher Situationen ist nötig! Eine Rauferei beginnt immer mit dem ersten Abschätzen des Gegners. An diesem Punkt müssen Sie eingreifen, denn ist die Rauferei schon im vollen Gang, nützt auch ein dazwischen geworfener Schlüsselbund nichts mehr.

Ist die Rauferei jedoch schon in vollem Gange, hilft auch der Schlüsselbund nicht mehr. Keinesfalls sollten Sie mit der Leine o. Ä. auf die Hunde einschlagen, denn das stachelt oft nur noch mehr an.

Trennen durch einen Schreckmoment

Das Schaffen von „Schreckmomenten" ist da schon sinnvoller, z. B. indem man einen aufgespannten Regenschirm oder eine Jacke (Decke wäre besser) auf die Hunde wirft. Diesen kurzen Moment des Erschreckens muss man dann aber auch unbedingt ausnutzen, indem sich jeder (s)einen Hund schnappt. Die Möglichkeit, beide Hunde gleichzeitig an den Hinterbeinen zu packen und hochzuheben, klappt zwar recht gut, ist aber nur durchführbar, wenn beide Menschen gleich schnell und gut reagieren können. Und das ist im Getümmel des Kampfes wirklich nicht einfach!

Wenn sich ein Hund verbeißt

Hat sich einer der Hunde festgebissen, kann man versuchen, das Maul mit Hilfe eines Stockes (Regenschirm) aufzuhebeln. Vorsicht, der andere Hund sollte im richtigen Moment dann auch festgehalten werden, damit er nicht nachsetzt, wenn er befreit ist. Dies gilt natürlich generell für alle Situationen. Es hat wenig Sinn, den einen Hund herauszuholen, damit der andere besser nachbeißen kann. Keinesfalls dürfen Sie auch an der Leine ziehen, falls einer der beiden noch angeleint ist. Das verschlimmert in der Regel die Verletzungen erheblich!

Hunde nach dem Trennen festhalten!

Wichtig: Vergessen Sie nicht, die Hunde nach dem Trennen gut festzuhalten. Schon manch einer hat sich nochmals losgerissen und den Kampf neu aufgenommen. Vermeiden Sie, dass die Hunde Blickkontakt aufnehmen und einander weiterhin anstarren.

TIPP

Nach einer Auseinandersetzung sollten beide Hunde unbedingt untersucht werden. Ist einer der Hunde auch nur leicht verletzt, sollten Sie einen Tierarzt aufsuchen. Unbedingt erforderlich ist dies bei ungleichen Größenverhältnissen der Hunde, insbesondere, wenn einer der Hunde geschüttelt wurde. Dies führt häufig zu Verletzungen unterhalb der ersten Hautschicht, die von außen nur schwer zu erkennen sind.

Die einfachste Möglichkeit raufende Hunde im Haus zu trennen ist mit Wasser. Holen Sie einen Eimer Wasser und kippen Sie ihn über die Raufbolde.

RAUFERGRUPPEN ALS ZWEITE CHANCE

Die zweite Chance

In unserer Hundeschule führen wir seit vielen Jahren Spielgruppen für erwachsene Hunde durch. Welpen- und Junghundespielgruppen gibt es natürlich auch, aber dies soll jetzt nicht Thema sein.

Vom Gruppenkurs mit Spielpausen ...

Diese „Spielstunden" für erwachsene Hunde haben sich aus den vor einigen Jahren angebotenen Gruppenkursen entwickelt. Die Hunde durften während der Pausen zusammen spielen. Etwaige Raufereien oder Mobbingszenen wurden von uns mit „die müssen das unter sich ausmachen" kommentiert. Diese Einstellung führt auf Dauer leider dazu, dass die erfolgreichen Raufer immer „stärker" werden und die Unterlegenen immer unsicherer und damit immer öfter Opfer. Auch für den dazugehörigen Menschen ist es nicht gerade leicht, zuzuschauen, wie ein Hund immer wieder „untergebuttert" wird. Rückblickend betrachtend ist es immer noch absolut verwunderlich, dass es zu keinen ernsthaften Verletzungen kam. Allerdings kamen auch keine wirklich schwierigen Hunde in diese Gruppenkurse. Raufer und Mobber waren jedoch schon darunter.

... zu Spielstunden

Nach Umstellung der Unterrichtsstruktur unserer Hundeschule auf Einzelunterricht stellte sich natürlich die Frage nach den notwendigen Sozialkontakten für Hunde. So entstanden die ersten reinen Spielgruppen, getrennt nach Alter und Größe.

Der Mensch muss regelnd eingreifen!

Mit zunehmender Bekanntheit unserer Hundeschule kamen auch immer mehr wirklich aggressive Hunde in den Unterricht. Diese, sowie die Einsicht, dass Hunde eben nicht immer alles unter sich ausmachen, ja, dass diese Aussage ethologisch nicht begründbar ist, führte uns zu der Erkenntnis, dass der Mensch regelnd eingreifen sollte.

Die Spielgruppe als Integrationsmittel – die sog. Raufergruppe

Mittlerweile dienen uns die Spielgruppen in erster Linie der Integration von sozial auffälligen Hunden. Sozial unauffällige Hunde nutzen die Spielgruppen natürlich zum Spiel und zur Kontaktaufnahme mit Artgenossen.

Was ist „sozial auffällig“?

„Sozial auffällig“ sind konkret: Raufer, Mobber, unsichere Hunde, gesteigert aggressive Hunde gegenüber Menschen und Hunden.

Voraussetzungen und Regeln

Das Gelände ist eingezäunt!

Die Spielgruppen finden auf einem sicher eingezäunten Gelände statt, das ca. 800 qm umfasst. Wesentlich größer sollte das Grundstück auch nicht sein, da es sonst zu lange dauert, bis man ein sich anbahnendes Problem in der letzten Ecke überhaupt bemerkt, geschweige denn noch rechtzeitig eingreifen kann. Von unseren 800 qm werden in der Regel auch nur ca. 600 qm genutzt, der obere Bereich des rechteckigen Grundstücks wird meist nur für Rennspiele von den Hunden betreten.

Gruppen nach Alter und Größe trennen!

Die Gruppen sind – wie eingangs erwähnt – nach Alter und Größe getrennt. Das heißt, die teilnehmenden Hunde in der Raufergruppe sind mindestens 7 bis 8 Monate alt (bis ins Methusalemalter). Alle Hunde unterhalb der Größe eines Cocker Spaniels gehören in eine eigene Gruppe.

In unseren Seminaren kommt an dieser Stelle oft das Argument: „Aber bei uns laufen seit Jahren Dackel und Doggen zusammen, und es ist noch nie etwas passiert“. Das ist oft nur Glück und wir können leider etliche Beispiele aus anderen Hundeschulen bzw. Vereinen nennen, in denen gerade Kleinhunde tot gebissen oder zumindest schwer verletzt worden sind. Dies muss nicht immer ein vorsätzliches aggressives Verhalten gewesen sein, oft kommt es auch zu Unfällen im Eifer des Spiels. In einer unserer Spielgruppen ist es uns passiert, dass ein lebhafter, völlig harmloser und friedfertiger Irish Wolfhound im Rennspiel nicht rechtzeitig abbremsen konnte und aus vollem Lauf mit einem kräftigen und stabilen Schäferhundrüden zusammenprallte. Der Schäferhund ging mit einem Aufjaulen zu Boden. Glücklicherweise kam er mit einigen Prellungen davon. Man darf gar nicht daran denken, wie es beispielsweise einem Hund in Beaglegröße ergangen wäre.

Schlimm wird es, wenn ein Rennspiel ins Jagdverhalten kippt und der Jack Russel Terrier oder Kleinpudel auf einmal zur Beute wird. Auch dies ist schon oft genug vorgekommen, und wir können nur jedem Veranstalter von Spielgruppen davon abraten, große und kleine Hunde zusammen laufen zu lassen. Auch das Argument: „Aber auch große und kleine Hunde müssen miteinander auskommen" sollte man nicht als Begründung heranziehen, um gemeinsame Spielgruppen zuzulassen. Natürlich müssen Hunde auch mit größeren oder kleineren Artgenossen auskommen. Dazu sollten sie reichlich Gelegenheit erhalten. Aber: Nicht im Rahmen einer Spiel-

Das erste Mal in der Spielgruppe: Sozial auffällige Hunde tragen sicherheitshalber einen Maulkorb.

Ausdrucksverhalten ist auch mit Maulkorb möglich.

gruppe, wo mehr als nur zwei oder drei Hunde zusammen spielen. Ein Dackel und eine Dogge kommen meist wunderbar miteinander aus und können auch ganz reizend miteinander spielen, sicheres Sozialverhalten vorausgesetzt. Aber in einer Gruppe von 8 Hunden oder mehr verlieren sowohl Mensch als auch die Hunde schnell den Überblick.

Keine reinen Raufergruppen!

Damit eine Integration und damit eine Besserung des Verhaltens eintritt, sind einige Voraussetzungen nötig. Reine Raufergruppen mit ausschließlich auffälligen Hunden halten wir nicht für sinnvoll, da die Hunde so wenig Gelegenheit haben, normalen Kontakt kennen zu lernen und evt. durch einen sozial sicheren Hund Gelegenheit zum Spiel zu bekommen. Außerdem ist bei gemischten Gruppen die Atmosphäre entspannter.

Keine unbekannten Hunde aufnehmen!

Prinzipiell werden nur Hunde in die Spielgruppe aufgenommen, die die Hundeschule besuchen und so den Ausbilderinnen bekannt sind. Dies ist eine notwendige Vorsichtsmaßnahme, da so vermieden wird, dass agressive Hunde ohne Maulkorb teilnehmen.

Sicherheitshalber den Maulkorb verwenden!

„Unsere“ Hundebesitzer haben großes Vertrauen in uns, da wir sehr „großzügig“ im Verteilen von Maulkörben sind. Oft erfährt der geplagte Rauferbesitzer in der Spielgruppe zum ersten Mal seit langem freundliches Entgegenkommen und Verständnis von anderen Hundebesitzern. Da immer mehrere Maulkorbkandidaten teilnehmen, ist diese Situation für alle „normal“ und kein Grund zur Besorgnis.

Zuerst an den Maulkorb gewöhnen!

Natürlich ist es nicht damit getan, den Hund „zu kennen“ und ihm einen Maulkorb überzustülpen. Die neue Situation in der Spielgruppe ist für den Hund stressig genug, so dass nicht auch noch zusätzlicher Stress über den ungewohnten Maulkorb geschaffen werden soll. Wenn sich beim Erstgespräch in der Hundeschule herausstellt, dass der Hund in manchen Situationen unangemessen aggressiv ist (auch, wenn er bis jetzt „nur“ gedroht hat), wird ein Maulkorb angepasst und dem Besitzer mit Hinweisen zur Eingewöhnung mitgegeben. Gleichzeitig wird mit der Gehorsamserziehung und der Befolgung des Basisplanes zu Hause begonnen, um den Hund schon ein klein wenig „herunterzustufen“.

Foto links: Der Hund kann mit einem Maulkorb sogar trinken. Alles, was Sie über Maulkörbe wissen müssen, finden Sie auf S. 158

Immer nur ein „Neuer“ beim ersten Besuch!

Beim Erstbesuch der Spielgruppe sollte darauf geachtet werden, dass nicht zwei schwierige Hunde gleichzeitig zum ersten Mal dabei sind. Alle Ausbilderinnen (wir sind in den Spielgruppen mindestens zu dritt, meistens zu viert) sind informiert und mit Besenstielen ausgerüstet. Diese sind der besseren Sichtbarkeit wegen blau angestrichen (Hunde haben ein geringeres Farbsehen als Menschen, können aber Blau relativ gut erkennen).

Maulkorb und 5-m-Leine beim Erstbesuch verwenden!

Der Hund trägt seinen Maulkorb und eine 5-m-Leine, die er hinter sich herzieht. Meist ist der Hundebesitzer so aufgeregt und unsicher, dass er nicht helfen kann, sondern gebeten wird, sich eine Ecke zu suchen und nur zuzusehen. Der Zusammenhalt der Hundebesitzer untereinander ist sehr groß und fast immer findet er ermutigende Ansprache von einem anderen Besitzer, der eventuell den gleichen Weg hinter sich hat.

INTEGRATION IN DIE RAUFERGRUPPE

So wird der „Neue" kontrolliert!

Der „neue Raufer" steht nun ausgestattet mit Maulkorb und 5-m-Leine vor der Eingangstür. Der Besitzer hat schon in der Unterrichtsstunde vor dem ersten Besuch den Ablauf und die Verhaltensregeln erläutert bekommen. Die jeweilige Ausbilderin, die den Hund am besten kennt, steht mit dem Besenstiel in der Hand bereit und lässt den Hund herein. Bei besonders schwierigen Kandidaten nimmt eine zweite Ausbilderin das Ende der 5-m-Leine in die Hand, achtet aber darauf, dass die Leine immer locker ist, d. h. sie folgt dem Hund.
Nun gibt es zwei Möglichkeiten, wie der Hund reagiert: Der Hund ist angesichts der Menge der teilnehmenden Hunde (in unseren Spielgruppen sind ca. 12–16 Hunde anwesend – mehr sollten es auch nicht sein) verunsichert und schaut zunächst nur zu. Rauere Kandidaten rasen auch schon einmal herein und wollen sich auf den erstbesten vorbeikommenden Hund stürzen. Jetzt ist schnelles Handeln erforderlich: Beim ersten Fixieren, Knurren oder Vorpreschen des Hundes wird der Hund sofort von seiner Trainerin verbal zurechtgewiesen und bekommt den Besenstiel verwehrend vor die Nase gehalten. Ignoriert er dies und versucht, an Besenstiel und Ausbilderin vorbeizukommen, wird er durchaus auch einmal

Die ersten Schritte in die Gruppe: Der Raufer trägt einen Maulkorb und eine 5-m-Leine.

mit dem Stock vor die Brust gestupst oder in die Flanken gepiekst.
Sehr aggressive Kandidaten erhalten auch einmal einen Klaps mit dem Stock unters Kinn. Sollte dies nicht ausreichen und der Hund trotzdem auf einen anderen losgehen, wird er mittels der langen Leine weggezogen und von allen Ausbilderinnen durch einschüchternde Körpersprache bedroht. Dies kommt allerdings sehr selten vor und hat bis jetzt immer ausgereicht, um auch dem größten „Großmaul" die Sicherheit zu nehmen.
Der Besitzer hat die Anweisung, sich bei jedem aggressiven Verhalten seines Hundes (sei es auch nur ein Fixieren oder Knurren) sofort abzuwenden und sich einige Schritte zu entfernen. Keinesfalls darf er „beruhigend" oder tadelnd auf den Hund einreden. Dies führt meist dazu, dass der Hund sich bestätigt fühlt und erst recht loslegt. Auch Tadeln hat in diesem Stadium meist keinen Erfolg, sonst hätte der Hundebesitzer ja nicht unsere Hundeschule aufgesucht und macht sich somit womöglich nur ein weiteres Mal unglaubwürdig. Mit zunehmender Erziehung und Sicherheit des Besitzers ist es natürlich Ausbildungsziel, dass er selbst seinen Hund kontrollieren kann.

Hier verhindern die Ausbilderinnen einen Konflikt, indem sie die Besenstiele verwehrend vor die Brust des Hundes halten.

Das Stressloch

Die meisten Hunde fallen nach dem ersten Stopp durch die Ausbilderinnen erst einmal in ein großes Stressloch und stehen den Rest des ersten Besuches hechelnd am Rand. Hin und wieder kommt ein anderer Hund vorbei und versucht, Kontakt aufzunehmen. Etwaiges Drohen hierbei wird wieder sofort von der Ausbilderin unterbunden. Nach 45 Minuten ist die Spielgruppe vorbei und der gestresste Hund und der meist glückliche Besitzer gehen nach Hause.

Für viele Hundebesitzer, die nur noch allen anderen Hunden aus dem Weg gehen, ist dieser erste Besuch eine völlig neue Erfahrung: Ihr Hund hat weder einen anderen „gefressen“, noch sind sie selbst von den anderen Menschen wegen ihres „asozialen Köters“ beschimpft worden. Im Gegenteil: Meistens hat ihnen jemand von seiner eigenen Leidensgeschichte erzählt und wir können immer auf einige Hunde verweisen, die sich mittlerweile ohne Maulkorb in der Spielgruppe bewegen und völlig unauffällig geworden sind.

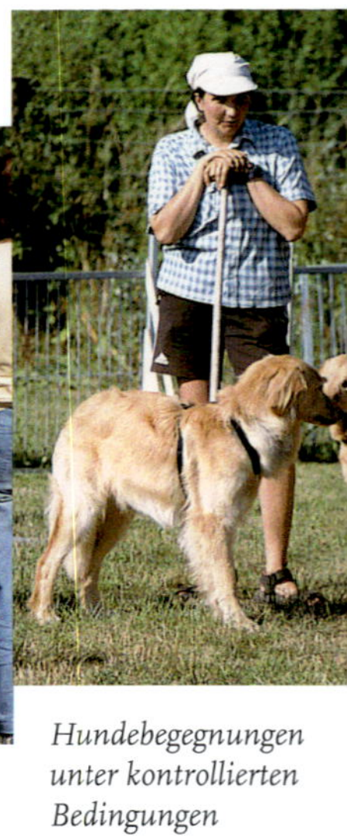

Hundebegegnungen unter kontrollierten Bedingungen

Die Kontaktphase

Bei manchen Hunden dauert die Phase des Herumstehens auch einmal einige Wochen. Der überwiegende Teil jedoch beginnt beim zweiten oder dritten Besuch, seinerseits vorsichtig mit den anderen Kontakt aufzunehmen oder ganz beiläufig auf dem Gelände herumzuschnüffeln.

Wann muss der Mensch eingreifen?

Wann seitens der Ausbilderinnen bei beginnenden Auseinandersetzungen eingeschritten wird, kann leider nicht pauschal beantwortet werden, da es von zu vielen Faktoren abhängt, wie z.B.:

- Wie aggressiv war der Maulkorbkandidat in der Vergangenheit? Hat er „nur" geprügelt oder schon verletzt? Und wenn letzteres, wie stark? Je nachdem sind wir vorsichtiger, d.h. schon Fixieren wird abgebrochen. War es nicht ganz so ausgeprägt, dann warten wir länger ab, ob die beiden agierenden Hunde das Problem vielleicht doch selbst lösen können.
- Wer ist der andere beteiligte Hund? Handelt es sich ebenfalls um einen Raufer, wird eher eingeschritten. Oder vielleicht ist das Gegenüber sehr ängstlich und unsicher und läuft damit Gefahr, schnell zum Opfer zu werden. Auch dann schreiten wir sehr schnell ein.
- Ist der andere vielleicht ein sehr sicherer, souveräner Hund? Dann kann man eher abwarten, schließlich soll der Raufer ja wieder lernen, seine Schwierigkeiten bei der Kontaktaufnahmen mit anderen Hunden selbst zu lösen.
- Der Raufer wird natürlich seinerseits vor anderen Hunden geschützt und dazu zählt eventuell auch der aufdringliche Junghund, der jetzt partout spielen will.
- Aufreiten wird generell nicht geduldet!
- Mobbingsequenzen werden sofort gestoppt (siehe S.22).

Die Raufergruppe ist für viele Hunde eine zweite Chance, denn aggressives Verhalten kann auch wieder verlernt werden.

SIND RAUFER DOMINANT?

Noch ein Wort zur oft beschworenen Dominanz: Fast nie handelt es sich bei Raufern um wirklich dominante Hunde. Ein wirklich souveräner, sicherer Hund hat es nicht nötig, dies immer wieder durch Auseinandersetzungen unter Beweis zu stellen. Fast immer handelt es sich um unsichere Kandidaten, die gelernt haben, mit möglichst großem Getöse Erfolg zu haben. Und leider ist es so, dass viele Hunde daran Gefallen finden, andere „aufzumischen“.

Häufig hört man: „Der muss nur mal an einen Stärkeren geraten, dann merkt er schon, wie das ist“. Auch dies ist lediglich Wunschdenken. Vielleicht gilt diese Aussage gerade noch bei einem rüpeligen Junghund, der natürlich seine Grenzen erfahren muss (dann aber bitte angemessen und nicht durch sinnloses Herumprügeln eines Älteren), bei allen anderen führt es nur dazu, dass sich der Hund in seiner Ansicht „Angriff ist die beste Verteidigung“ nur bestätigt fühlt und höchstens seine Opfer ein bisschen besser aussucht.

Unsere Hunde leben nicht in wölfischen Verhältnissen! Und die Hunde, die sich bei Spaziergängen oder auf der Hundewiese oder eben in unserer Spielgruppe treffen, bilden kein Rudel, das eine „Rangordnung“ ausmachen muss. Natürlich messen Hunde gerne ihre Kräfte, aber in unserer heutigen Gesellschaft wird es nicht mehr akzeptiert, wenn dabei ein Loch im Ohr oder gar Schlimmeres entsteht. Der Hund muss also lernen, dass körperliche Auseinandersetzungen seitens der Menschen nur noch in geringem Maße geduldet werden. Inwieweit dieses Leben für Hunde noch artgerecht ist, möchten wir nicht beurteilen. Allerdings sind Hunde Meister der Anpassung und wir glauben nicht, dass Raufereien unbedingt lebensnotwendig für sie sind.

Und so geht es weiter

In der Regel sind die meisten Raufer sehr beeindruckt und lassen sich von uns im weiteren Verlauf verbal stoppen. Parallel dazu läuft natürlich der Unterricht, so dass auch die Besitzer lernen, ihren Hund besser einzuschätzen und zu kontrollieren. Sollte das aggressive Verhalten hormonell bedingt oder beeinflusst sein, hilft hier eventuell auch eine Kastration. Dies soll jetzt allerdings kein genereller Ratschlag in Richtung Kastration sein, die oft viel zu schnell empfohlen wird.

Bei den weitaus meisten Raufern ist das Verhalten allerdings erlernt und macht ihnen einfach Spaß. Dies ist glücklicherweise das am einfachsten zu behebende Problem, da erlerntes Verhalten auch wieder verlernt werden bzw. durch ein anderes Verhalten ersetzt werden kann. Dies trifft natürlich nur zu, wenn das Verhalten nicht schon über mehrere Jahre hinweg etabliert wurde. Dann ist es nicht mehr ganz so einfach.

Wesentlich schwieriger wird es, wenn der Hund nie Gelegenheit hatte, ein ausreichendes Sozialverhalten zu erlernen. Dies kann oft nur noch teilweise aufgefangen werden.
Meistens kann erreicht werden, dass der Hund andere Hunde duldet, zum unbeschwerten Spiel kommt es hier oft nicht mehr.

Gruppenbesuch und Gehorsamstraining

In den darauffolgenden Wochen besucht der Raufer regelmäßig, d.h. mindestens einmal wöchentlich, unsere Spielgruppe. Parallel dazu werden im zusätzlich stattfindenden Einzelunterricht immer mehr Hundebegegnungen gesucht. Zu Beginn „gestellte", d.h. passende Trainingspartner werden zum Unterricht (übrigens nicht auf unserem Unterrichtsgelände, sondern im angrenzenden Park) dazu gebeten.
Mit zunehmendem Trainingserfolg und (viel wichtiger!) zunehmender Sicherheit des Besitzers werden realistische Alltagssituationen aufgesucht. Das heißt, die Hundebegegnungen werden dem Zufall überlassen, in dem wir ein Freilaufgebiet aufsuchen. Wenn nötig, trägt der Hund hierbei noch den Maulkorb.
Fast immer sind die Raufer nach einigen Wochen des Trainings (und ca. 10 Einzelunterrichtsstunden) so weit „umerzogen", dass ihre Besitzer wieder entspannt mit ihnen spazieren gehen können. Mit änglichsten Hunden sieht es natürlich ganz anders. aus (siehe S. 57).

Entspanntes Spielen im Freilaufgebiet

EIN FALL AUS DER PRAXIS
AGGRESSIONEN GEGENÜBER MENSCHEN

Ein sozusagen klassischer Fall von erlerntem aggressiven Verhalten gegenüber Menschen stellte Ferdinand dar. Ferdinand wurde im Alter von ca. drei Jahren von einer jungen Frau namens Anna aus dem Tierheim adoptiert. Vermutlich handelt es sich um einen Dogo-Argentino-Mischling.

Ferdinand zeigte sich in den ersten Wochen nach der Übernahme sehr freundlich bei Anna, wenn auch rassetypisch reserviert gegenüber fremden Menschen. Bei Spaziergängen im Hundefreilaufgebiet kam es dann zu zwei harmlosen Rüpeleien zwischen Ferdinand und anderen Rüden. Leider reagierten alle betroffenen Menschen nicht ganz so harmlos und es kam zu unschönen Szenen inklusive Beschimpfungen der ohnehin schon etwas unsicheren Besitzerin. Anna nahm sich das sehr zu Herzen und fürchtete, dass ihr geliebter Ferdinand aggressiv sei. Folglich wich sie in Zukunft Begegnungen mit anderen Menschen und Hunden aus. Nachdem auch die Stimmung in der Bevölkerung sehr zu ungunsten aller auch nur entfernt nach „Kampfhund" wirkenden Hunden umschlug, kam es auch noch zu zusätzlichen unmotivierten Beschimpfungen von Anna und Ferdinand. Ferdinand hatte zu diesem Zeitpunkt schon begonnen, noch misstrauischer zu werden, wenn sich Passanten oder andere Hunde näherten. Er knurrte leise und Anna sprach jedes Mal beruhigend auf ihn ein und streichelte ihn. Leider hatte dies nicht den von Anna gewünschten Erfolg – im Gegenteil. Ferdinand fühlte sich für sein Verhalten gelobt und bestätigt und verstärkte es natürlich. Anna versuchte immer häufiger, Ferdinand zu beruhigen und bat Bekannte und Freunde, sich Ferdinand zu nähern. Der ohnehin reservierte und jetzt schon sehr misstrauische Rüde fühlte sich zusätzlich bedrängt und da Anna auch jedes Mal angespannt und ihn geradezu ängstlich lauernd beobachtete, intensivierte er sein Verhalten. Schließlich gipfelte es in einem heftigen Drohschnappen seitens Ferdinands gegenüber einem Freund von Anna und warnendem Drohen, wenn sich Menschen nur auf 20 Meter näherten. Da er in den vergangenen Wochen auch immer weniger Hundekontakt hatte, wurde er angesichts von Hunden immer aufgeregter und verlegte sich schließlich auf lautes – und bei seiner stattlichen Größe sehr eindrucksvolles – Bellen.

Zu diesem Zeitpunkt suchte Anna unsere Hundeschule auf. Um keine anderen Menschen und Hunde zu gefährden, wurde Ferdinand erst einmal ein Maulkorb samt Halti „verordnet" und Anna über ihre unbeabsichtigten Fehler aufgeklärt. Anna musste alle Alltagsregeln (siehe Basisplan S. 116) befolgen und nach der Maulkorb- und Haltigewöhnung begannen wir mit einer allgemeinen

Gehorsamserziehung (zu Beginn an der 5-m-Leine). Um Anna und Ferdinand bei Menschenbegegnungen sicherer zu machen, bekam Anna genaue Arbeitsaufträge. Jedes Mal, wenn sich Passanten näherten, sollte Anna Ferdinand heranrufen, von ihm SITZ verlangen und ihn an einer kurzen Schnur, die vom Halti immer herabbaumelte festhalten. Ferdinand musste Blickkontakt zu Anna halten, was wir zu Beginn mit „Super-Leckerchen" unterstützten. Diese Prozedur sollte in erster Linie dazu dienen, Anna zu beschäftigen und ihr keine Gelegenheit geben, ängstlich auf die entgegenkommenden Menschen zu starren. Zusätzlich wurde Ferdinand mit Packtaschen ausgestattet. Dies hatte einzig und allein den Zweck, von seiner Kampfhundeoptik abzulenken. Mit diesem kleinen Trick haben wir schon bei vielen Hunden große Erfolge erzielen können, da fast alle Menschen auf einen Hund mit Packtaschen sehr positiv reagieren. Alternativ kann auch ein Halstuch schon gute Dienste leisten.

Nach zwei Wochen kam Ferdinand zusätzlich in unsere Spielgruppe. Alle anwesenden Menschen wurden angewiesen, ihn nicht zu beachten oder gar zu streicheln. Nachdem Ferdinand begriffen hatte, dass Raufereien mit anderen Rüden nicht geduldet wurden, stand er erst einmal einige Wochen herum und betrachtete misstrauisch alle Menschen. Anna wurde immer wieder von vielen anderen Hundebesitzern in freundliche Gespräche verwickelt (von uns initiiert) und bewegte sich innerhalb der Menschengruppe, Ferdinand, der in seiner Ecke saß, wurde dabei völlig ignoriert. Nach einigen Wochen wurde Anna deutlich sicherer und Ferdinand begann, ihr mit einigem Abstand zu folgen. Nach einigen weiteren Wochen stellte er sich während ihrer Gesprächen mit anderen Menschen neben sie und schließlich duldete er auch kurzes Streicheln von anderen Menschen. Insgesamt dauerte es ca. sechs Monate, bis Ferdinand Berührungen von anderen Menschen duldete. Gleichzeitig besserte sich sein Verhalten gegenüber anderen Rüden und er zeigte ein souveränes, sicheres Sozialverhalten.

EIN FALL AUS DER PRAXIS
DER RAUFER „MÄXCHEN"

Mäxchen kam im Alter von zwei Jahren in unsere Hundeschule. Als Labrador-Boxer-Mischling vorgestellt, wirkte er eher wie ein Stafford-Mischling, kräftig, muskulös und mit strotzendem Selbstbewusstsein.

Seine Besitzerin berichtete, dass Mäxchen im Alter von 10 Monaten begonnen hatte, sich immer öfter mit anderen Rüden auf der Hundewiese eine kleine Auseinandersetzung zu liefern. Zu Beginn waren es nur gleichaltrige oder schüchterne Geschlechtsgenossen gewesen, doch mit zunehmendem Alter suchte sich Mäxchen immer öfter auch ältere und größere Rüden als Gegner. Schließlich kam Mäxchen an keinem anderen Rüden mehr vorbei, ohne sich an der Leine wie wild zu gebärden oder freilaufend sofort eine Auseinandersetzung zu beginnen. Irgendwann gehorchte er überhaupt nicht mehr und Mäxchens Besitzerin wagte es nicht mehr, ihn frei laufen zu lassen. Beim Erstgespräch auf dem Gelände unserer Hundeschule war eine Unterhaltung kaum möglich, weil Mäxchen am Zaun herumtobte und nicht mehr ansprechbar war. Als Erstes bekam Mäxchen sowohl einen Maulkorb als auch ein Halti angepasst.

Die weitere Vorgehensweise in der Ausbildung war mit der von Ferdinand identisch. Mit der Ausnahme natürlich, dass sich Mäxchen beim ersten Besuch in der Spielgruppe der erwachsenen Hunde beim Hereinkommen auf den ersten vorbeikommenden Rüden stürzte. Dies wurde von uns allerdings schnell und laut verhindert, so dass Mäxchen erst einmal ein paar Minuten verunsichert da stand. Doch schon tauchte ein neuer Rüde auf und Mäxchen wagte einen neuen Versuch, der jedoch auch wieder von den Trainerinnen abgewehrt wurde. Schließlich stand Mäxchen verunsichert neben seiner Besitzerin und hechelte. Dies dauerte ca. drei Wochen (also drei Besuche in der Spielgruppe), bis Mäxchen zum ersten Mal so entspannt war, dass er mit einer Hündin spielte.

Nach weiteren drei Wochen konnte Mäxchen seine Begegnungen mit anderen Rüden durch Körpersprache regeln. Weiterhin wurde er sorgfältig beobachtet und von Begegnungen mit Rüden, die das gleiche Problem hatten, abgeschirmt. Im Laufe der nächsten Wochen konnten solche Begegnungen immer häufiger Mäxchen überlassen werden, der zunehmend souveräner und sicherer wurde.

UNSICHERE HUNDE IN DER SPIELGRUPPE

Meistens entsteht Angst und Unsicherheit bei Hunden durch mangelnde Sozialkontakte in der Sozialisierungsphase. Handelt es sich um einen schwer wiegenden Prägungsschaden, dann ist dieser leider nur noch bedingt „reparabel“. Wichtigstes Gebot ist natürlich, dass der unsichere Hund nicht noch weiter durch heftige Spielsequenzen oder gar Mobbing verunsichert wird. In ganz schlimmen Fällen wird dieser Hund erst einmal einige Wochen lang nur bei der Spielgruppe zusehen, zu seiner Sicherheit noch durch den Zaun getrennt. Auch hier darf der Besitzer keinesfalls „beruhigend“ auf den Hund einreden, dies würde die Angst des Hundes nur noch verstärken. Zusätzlich werden gezielte Begegnungen mit sanften und ruhigen Hunden geschaffen. Manchmal ist es auch zu Beginn besser, wenn der Hund eine „Klasse tiefer“ teilnimmt, also beispielsweise in der Spielgruppe der Welpen oder Junghunde (wenn er nicht zur Angstaggressivität neigt). Wenn der unsichere Hund dazu neigt, in Panik davonzurasen, trägt er ein Geschirr und eine Leine. Es dauert oft Wochen, bis diese Hunde sich stabiliseren und die Erfolgsaussichten sind leider schlechter als bei den Raufern. Etwas besser stehen die Chancen bei erlernter Angst, beispielsweise wenn der Hund durch einen anderen verletzt wurde oder oft Mobbingopfer war. Dies lässt sich durch ausreichend positive Erfahrungen für den Hund schneller und besser wieder „heilen“.

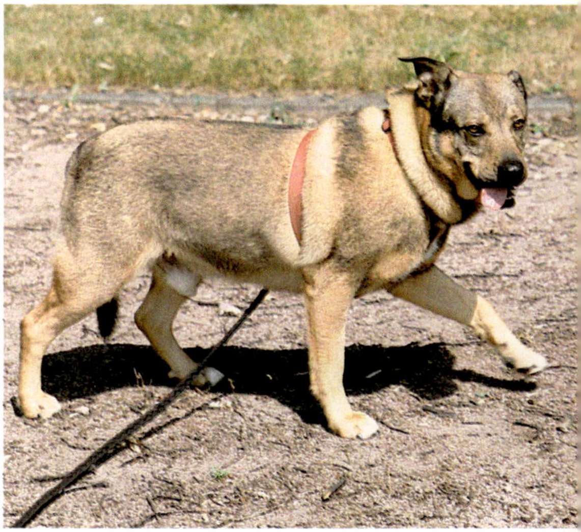

Deutlich unsicherer Hund

Abschließend möchten wir noch darauf hinweisen, dass sich – so erfolgreich wie unsere Spielgruppen auch sind – keinesfalls alle Probleme damit lösen lassen.
Die Spielgruppen sind neben der Tatsache, dass sie sehr personalintensiv sind, für uns als Ausbilderinnen sehr anstrengend und keinesfalls eine Plauderstunde. Es erfordert sehr viel Erfahrung und vor allen Dingen eine hohe Konzentration, alle sich anbahnenden Konflikte im Blick zu behalten und rechtzeitig abzubrechen.

RAUFERGRUPPEN – VORAUSSETZUNGEN IM ÜBERBLICK

- Sicher eingezäuntes Gelände, ca. 500–800 qm groß
- Hundegruppen nach Alter und Größe getrennt, für Raufergruppen Hundegröße ab mittelgroß, Alter ab 8–10 Monaten.
- Gruppengröße max. 16 Hunde, bei dieser Gruppengröße müssen mindestens vier Aufsichtspersonen anwesend sein.
- Nur bekannte Hunde annehmen!
- Hunde werden bei aufkommenden Aggressionen durch Stöcke oder, falls vorhanden, Wasserschlauch getrennt.
- Nachteile des Wasserschlauchs: Reichweite muss für das gesamte Grundstück ausreichend sein, oft behindern anwesende Hundebesitzer die Handhabung des Schlauchs oder werden nass gespritzt, schwierig bei starkem Frost, evtl. hoher Wasserverbrauch.
- Nachteile der Stöcke: Man muss relativ nahe an die Hunde heran – gleichzeitig jedoch ein Vorteil, weil die Hunde – oft erstmals – durch den Menschen beeindruckt werden. Geringe Reichweite ggü. Wasserschlauch, nicht anwendbar bei Hunden, die schon mit Stöcken geschlagen worden sind.

- Teilnehmende Hund (natürlich nur die aggressiven Hunde) müssen ausreichend an den Maulkorb gewöhnt sein.
- Maximal ein neuer schwieriger Hund in der Gruppe, ansonsten je nach Heftigkeit 3–4 schwierige Hunde möglich. Dies ist nur ein Anhaltswert, weil er sehr von der Stabilität und Souveränität der restlichen Gruppe abhängt.
- Keine feste Zusammensetzung in der Gruppe, da sonst eine Gewöhnung eintritt und sich nach einiger Zeit eine Rangordnung etabliert. Dies trägt dann zwar zur Stabilität innerhalb dieser Gruppe bei, nützt aber nichts als Lernsituation für den Raufer.
- Drei bis vier Ausbilderinnen, die sicher im „Lesen" von Hunden sind. Mindestens einer der Trainer sollte den Hund im Unterricht haben, um ihn gut einschätzen zu können, und muss die Vorgeschichte und Problematik kennen.
- Lieber einmal zu oft als zu wenig mit Maulkorb!
- Trennen so früh wie nötig und so spät wie möglich!
- Aufreiten und Mobbing sofort stoppen!

Wichtig! Die Gruppe darf keine feste Zusammensetzung aufweisen, sonst etabliert sich nach einiger Zeit eine Rangordnung. Eine Lernsituation für Raufer ist dann nicht mehr möglich.

HÄUFIGE VERHALTENSPROBLEME

PROBLEME BEIM ALLEINSEIN

Trennungsangst ist für das Soziallebewesen Hund ein völlig normales und für das Überleben notwendiges Verhalten. Trotzdem muss in unserer heutigen Gesellschaft jeder Hund lernen, auch einmal von seinen Menschen getrennt zu sein. Dies sollte jeder Welpe von klein auf lernen (siehe Kosmos-Erziehungsprogramm).

Trennungsangst und deren Ursachen

Die folgenden Verhaltensweisen treten bei Trennungsangst auf. Sie können einzeln oder auch mehrere Verhaltensweisen gleichzeitig oder nacheinander vorkommen: Fiepen, Heulen, Bellen, unruhiges Hin- und Herlaufen, Kot oder Urin absetzen, an der Tür oder an Wänden kratzen, scharren, Gegenstände oder Möbel zerstören.

Trennungsangst ist für das Rudeltier Hund eine völlig normale Verhaltensweise.

Folgende Gründe sind die Hauptursachen für Trennungsangst:

- Der Hund hat es schlicht und ergreifend nicht gelernt, angstfrei alleine zu bleiben und wird irgendwann damit urplötzlich konfrontiert (eventuell auch nach einem Besitzerwechsel oder durch eine Änderung in den Lebensumständen der Besitzer, beispielsweise geänderte Arbeitszeiten).
- Der Hund hat alleine in der Wohnung ein Angst einflößendes Erlebnis. Das kann bei einem Geräusch empfindlichen Hund schon die Sperrmüllabfuhr oder Bauarbeiten vor dem Haus sein. Auch versuchte Einbrüche haben schon zu Trennungsangst geführt.
- Der Hund fühlt sich als Oberhaupt seiner Mensch-Hund-Gruppe und will es nicht dulden, dass sich „seine“ Menschen „unerlaubterweise“ entfernen.
- Dem Hund ist langweilig.

Die beiden letztgenannten Ursachen sind natürlich keine richtige Trennungsangst, wirken sich aber sehr ähnlich aus. Damit man eine Trennungsangst erfolgreich kurieren kann, muss man zuerst einmal Ursachenforschung betreiben. Denn bei Langeweile oder Chefgehabe muss natürlich ganz anders vorgegangen werden als bei Angst. Folgende Punkte können als Anhaltspunkte für die richtige „Diagnose" dienen:

Was hat mein Hund wirklich?

Langeweile oder Haustyrann

- Kot oder Urinabsetzen kommt hier nicht vor, außer das Markieren von Möbeln oder Ecken. Befindet sich die „Pfütze" mitten im Raum, handelt es sich in der Regel nicht um Markierverhalten! Kotabsetzen aus Protest kommt selten vor und prinzipiell sollten hier erst einmal körperliche Ursachen in Betracht gezogen werden.
  Kot- oder Urinabsetzen aus Angst hingegen ist ein deutliches Zeichen für echte Panik.
- Protestiert der Hund lautstark, ist dies im Allgemeinen auch als Protest gedacht. Heulen, Jammern oder Fiepen kommt beim Haustyrann seltener vor.
- Der Hund ist auch sonst sehr fordernd und bestimmend, der Gehorsam meistens nicht wirklich gut.
- Zerstören von Gegenständen oder Möbeln.
- Die Symptome treten nicht bei jedem Alleinebleiben auf. Ein Hund mit Angst hat immer Angst, wenn er alleine gelassen wird und nicht nur sporadisch.

Wirkliche Trennungsangst

- Der Hund jammert und zeigt deutliche Stresssymptome wie z.B. schon bei der Verabschiedung.
- Kot oder Urin wird in Abwesenheit der Besitzer abgesetzt.
- Der Hund versucht, aus dem Haus oder der Wohnung zu entkommen (Kratzspuren an Türen, Fenster oder Wänden).
- Der Hund ist auch sonst sehr sensibel oder ängstlich (muss nicht immer so sein!) und „klebt" an seinem Besitzer. Er möchte ihn überall hin begleiten, auch innerhalb der Wohnung („will am liebsten mit in die Dusche").

Hunde mit Trennungsangst „kleben" geradezu an ihren Menschen. Häufig sind diese Hunde auch sonst sehr sensibel.

Ob der Hund im Auto problemlos alleine bleiben kann oder nicht, ist nur bedingt als Indikator anzuwenden. Viele Hunde, die absolute Panik erfüllt, wenn sie alleine zu Hause bleiben sollen, haben im Auto von Anfang an gelernt, sich sicher zu fühlen. Dies hat oft mit Stimmungsübertragung zu tun: Der junge Hund wird ganz selbstverständlich für einige Minuten (z. B. bei Besorgungen) im Auto zurückgelassen. Dies vermittelt ihm von Anfang an ein Stück Normalität. Abgesehen davon ist das Auto häufig auch eine Art Ersatzhöhle für ihn. Die Unterscheidung ist also wirklich nicht leicht, da sich die Symptome häufig gleichen. Ist der Hund nicht eindeutig einem Typ zuzuordnen, hilft nur noch eine Videoanalyse. Hierzu muss eine Videokamera so aufgebaut werden, dass sie entweder den Eingangsbereich aufzeichnet oder das Zimmer, in dem der Hund sich aufhalten muss. Anhand einer Aufzeichnung kann meistens ohne Probleme beurteilt werden, ob der Hund wirklich Angst hat oder einfach nur empört ist.

SOFORTHILFE

Hängt der Haussegen schon schief oder der Vermieter oder Nachbarn drohen mit ernsthaften Schritten, muss natürlich das Problem möglichst schnell abgestellt werden. Leider ist dies bei Trennungsangst nicht ganz einfach, sondern erfordert in der Regel eine langwierige Lernprozedur. Es gibt allerdings ein paar Hilfsmittel, mit denen das Verhalten des Hundes schnell erträglich für die Umwelt gestaltet werden kann. Diese Hilfsmittel sind natürlich keine Dauerlösung, können aber in vielen Fällen eine Abgabe des Hundes verhindern.

Transportbox

Sowohl bei ängstlichen Hunden als auch bei Abrissfanatikern hilft eine Transportbox. Die ängstlichen Hunde fühlen sich geborgener (Ersatzhöhle!) und kaputt machen können sie auch nichts. Natürlich darf der Hund nicht von heute auf morgen in die Box „gesteckt" werden, sondern sollte (geht meist schon übers Wochenende) daran gewöhnt werden, indem

- es Futter nur noch in der Box gibt.
- alle bequemen Schlafplätze gestrichen oder weggeräumt werden. Ein weiches Deckchen findet Ihr Hund nur noch in seiner „Kiste".
- täglich mehrmals leckere Sachen in der Kiste verfüttert werden.
- die Tür zur Kiste erst einmal nur in Anwesenheit des Besitzers geschlossen wird und dieser dann auch im Raum bleibt.

Ängstliche Hunde fühlen sich in einer Transportbox geborgen. Gewöhnen Sie den Hund aber richtig daran.

Maulkorb Ein leichter Baskervillemaulkorb verhindert das Zerstören von Möbeln und Gegenständen. Wie Sie Ihren Hund Schritt für Schritt daran gewöhnen lesen S. 159.

Pfotenschuhe Pfotenschuhe verhindern erfolgreich das Zerkratzen von Wänden und Türen. Eventuell muss der Hund zusätzlich noch einen Maulkorb tragen, damit er die Pfotenschuhe nicht ausziehen kann.

Ein Hundesitter Der Hund bleibt bis zur erfolgreichen Umerziehung erst einmal nicht alleine, sondern bei einem Hundesitter.

Ein Maulkorb und Pfotenschuhe sind keine Dauerlösung, aber Hilfsmittel, die vorübergehend angewendet werden können.

LÖSUNGSWEGE FÜR DEN KLEINEN HAUSTYRANN

Basisplan einhalten

Dieser Typ Hund muss erst einmal ein wenig von seinem hohen Ross geholt werden. Dafür ist der Basisplan hervorragend geeignet. Neben dem Gewöhnen an eine Transportbox ist der Basisplan (S. 116) das Mittel der Wahl. Zusätzlich sollten Sie unbedingt darauf achten, dass Sie sich nicht ununterbrochen vom Hund verfolgen lassen.

Gehorsam trainieren

Mit einer fundierten Gehorsamserziehung sollten Sie ebenfalls möglichst sofort beginnen. Schleppleinen- und Haltitraining sollte Ihre Position ihm gegenüber verbessern. Innerhalb des Hauses sollten Sie ganz strikt damit beginnen, ihn häufig auf seinen Platz zu schicken. Auch hin und wieder einige Minuten angebunden in einer Zimmerecke zu warten, kann sein Weltbild wieder gerade rücken. Ebenso sollten Sie ihm öfter einmal die Tür vor der Nase zu machen und ihn alleine in einem Zimmer zurücklassen.

Auch diese Übung gehört dazu: Schicken Sie Ihren Hund immer wieder auf seinen Platz.

TRENNUNGSANGST – PANIK LASS NACH!

Der Basisplan vermittelt Sicherheit!

Hat der Hund wirklich Angst, ist dies natürlich kein Gehorsamsproblem. Trotzdem sollten Sie – auch wenn sich dies erst einmal sehr widersprüchlich für Sie anhört – mit den Regeln des Basisplans beginnen. Diese geben dem Hund nämlich sehr viel Sicherheit und Geborgenheit und Sie vermitteln ihm, dass er sich auf Sie verlassen kann.

Toleranzgrenze langsam erhöhen!

Auch der ängstliche Hund muss als Erstes lernen, dass er Ihnen nicht auf Schritt und Tritt folgen darf. Machen Sie ihm öfter die Tür vor der Nase zu, beispielsweise, wenn Sie kurz ins Bad oder die Küche gehen.
Wählen Sie zu Beginn die Zeitdauer Ihres Aufenthaltes in einem anderen Zimmer nur so kurz, dass er nicht in Panik gerät. Sie müssen seine Toleranzgrenze so langsam erhöhen, dass Sie ihn immer wieder an seine Belastbarkeitsgrenze führen – aber nicht darüber!

Desensibilisieren Sie den Hund!

Das Prinzip für den ängstlichen Hund lautet, dass er die Angst verursachende Situationen ertragen lernen muss. Er muss also desensibilisiert werden.

Schaffen Sie Tabuzonen.

Hierzu sollten Sie folgende Regeln beachten

Regel 1

Strafen Sie den Hund nie, wenn Sie nach Hause kommen und er etwas angestellt hat. Eine Strafe (hierzu kann beim sensiblen Hund schon das Schimpfen zählen), die nicht innerhalb von 0,5 bis 2 Sekunden nach der Untat erfolgt, ist für den Hund unverständlich. Sie zerstört das Vertrauensverhältnis zu Ihnen und erhöht den Stresslevel während Ihrer Abwesenheit. Damit verstärkt sich gleichzeitig die Trennungsangst des Hundes. Das teilweise von Hunden gezeigte Unterwürfigkeitsverhalten, welches der Mensch als „schlechtes Gewissen“ interpretiert, resultiert in der Regel auf negativen Vorerfahrungen. Hunde sind durchaus in der Lage folgende Verknüpfung aufzustellen: Kaputtes Sofakissen + Mensch = Ärger. Leider bleibt Ihrem Hund der Umkehrschluss: „Wenn ich das Sofakissen nicht mehr kaputtmache, bekomme ich keinen Ärger mehr“ verwehrt.

Regel 2

Verändern Sie Ihr Abschieds- und Begrüßungsverhalten. Verabschieden Sie sich gar nicht mehr vom Hund. Je mehr Sie beim Abschied auf den Hund eingehen, desto mehr hofft er zum einen mitgenommen zu werden und desto schwerer fällt es ihm zum anderen zu verkraften, dass er allein bleiben soll. Versuchen Sie, eine ausgeglichene Stimmungslage zu erzeugen, indem Sie bereits eine halbe Stunde, bevor Sie das Haus verlassen, den Hund völlig ignorieren und damit uninteressant für ihn werden. Dann gehen Sie einfach hinaus. Wenn Sie wiederkommen, beachten Sie den Hund solange nicht, bis er sich beruhigt hat. Erst dann begrüßen Sie ihn freundlich, aber nicht zu überschwänglich.

Regel 3 Der Hund sollte unbedingt regelmäßig körperlich und geistig ausgelastet werden.

Regel 4 Bringen Sie dem Hund bei, alleine in einem Zimmer des Hauses bei unverschlossener Tür zu bleiben. Voraussetzung ist natürlich, dass der Hund die Hörzeichen **PLATZ** und **BLEIB** beherrscht.
Beginnen Sie anfangs mit wenigen Minuten. Folgt der Hund Ihnen, bringen Sie ihn ruhig, aber bestimmt an seinen Platz zurück. Hat sich der Hund kurze Zeit ruhig verhalten, gehen Sie in das Zimmer zurück und loben ihn freundlich, aber nicht überschwänglich.
Die Wartezeit für den Hund darf nur so lange bemessen sein, dass er nicht in Panik verfällt. Vergessen Sie nicht ihm zu erlauben, dass er wieder aufstehen und das Zimmer verlassen darf, wenn Sie ihn abholen.

PLATZ UND BLEIB ist eine wichtige Übung, die nicht nur Hunde mit Trennungsangst unbedingt beherrschen sollten (vgl. Regel 4). Anfangs sollten Sie mit der 2- bis 3-Meter-Leine üben. Sobald das auch unter Ablenkung gut klappt, können Sie auf die 5-Meter-Leine umsteigen.

Regel 5

Zeigt Ihr Hund während der Übungen starke Unruhe oder Stresssymptome, müssen Sie die Zeit, in er alleine in dem Zimmer bleiben soll, reduzieren. Möglicherweise können Sie am Anfang nur für eine Minute den Raum verlassen, ohne dass der Hund unruhig wird.

Regel 6

Dehnen Sie die Zeit dieser Übung immer weiter aus.

Regel 7

Häufig entstehen Ängste in Verbindung mit dem Alleinsein dadurch, dass Hunde in Räumen untergebracht werden, die eigentlich nicht bewohnt werden, wie z.B. Kellerräume, Garage usw. Ein Hund, der das Alleinsein nicht akzeptiert, darf hier keinesfalls allein untergebracht werden. Die Gewöhnung an das Alleinsein muss in den Räumlichkeiten stattfinden, in denen Hund und Besitzer wohnen. Allerdings muss dem Hund auch nicht das ganze Haus zur Verfügung gestellt werden.
Viele Hunde fühlen sich nach Gewöhnung in einer Flugtransportbox (Höhle) wesentlich sicherer und wohler. Gleichzeitig wird Ihre Einrichtung geschont.

Regel 8

Spielen Sie mindestens 2–3mal täglich folgendes Ritual durch: Ziehen Sie sich Ihre Schuhe und Ihre Jacke an, nehmen Sie den Schlüssel in die Hand. Beachten Sie den Hund hierbei nicht. Sind Sie „ausgehfertig“, setzen Sie sich in aller Ruhe hin, lesen Zeitung o.Ä. Wiederum den Hund nicht beachten. Haben Sie das Gefühl, dass Ihr Hund sich wieder entspannt hat, kleiden Sie sich aus und gehen Ihren normalen Beschäftigungen nach.
Bei diesem Ritual beachten Sie den Hund nur scheinbar nicht. In Wirklichkeit müssen Sie ihn genau beobachten, ohne dass er dies merkt.
Nach einiger Zeit sollte der Hund so weit sein, dass er sich bei dem Anblick „mein Mensch zieht sich an, um mich zu verlassen“ ruhig und entspannt bleibt, weil er merkt, dass ihm

nichts Schlimmes passiert. Sobald Sie sicher sind, dass der Hund keine äußeren Anzeichen der Unruhe mehr zeigt, wenn Sie sich anziehen und den Schlüssel ergreifen, gehen Sie in ein Zimmer Ihrer Wahl und schließen sich dort für einen kurzen Moment ein. Dann kommen Sie wieder heraus, ziehen sich aus, legen den Schlüssel weg. Der Hund wird die ersten Minuten nicht beachtet (siehe Begrüßungsverhalten S. 68).

Regel 9

Sobald Sie einige Minuten in dem Zimmer sein können, ohne dass der Hund Terror macht oder „weint“, gehen Sie im Anschluss an Ihr „Anziehritual“ (vergessen Sie nie den Schlüssel dabei in die Hand zu nehmen) aus der Wohnungstür. Bleiben Sie hier kurz stehen und kommen Sie ohne Begrüßungsritual wieder zur Tür rein. Mit der Zeit steigern Sie Abstand zur Haustür und die Länge der Zeit Ihrer Abwesenheit.

Mehrmals täglich spielen Sie das „Anziehritual“ (vgl. Regel 8) durch. Mit Jacke und Schlüssel, bereit zum Ausgehen, setzen Sie sich aufs Sofa. Beachten Sie Ihren Hund nicht und ziehen Sie sich erst wieder aus, wenn Ihr Hund sich wieder entspannt hat.

Regel 10

Sobald Sie sich aus der Haustür entfernen können, ohne dass der Hund in Panik verfällt, ziehen Sie sich auch jedesmal, wenn Sie zum Briefkasten oder Mülleimer gehen, in der oben beschriebenen Weise an und nehmen dabei den Schlüssel mit.

Regel 11

Unterbinden Sie generell, dass der Hund Sie auf Schritt und Tritt in der Wohnung verfolgt. Verlassen Sie das Zimmer und verbieten Sie ihm, Ihnen nachzufolgen. Der Hund muss Selbstständigkeit erlernen, gestatten Sie ihm nicht, Sie z.B. auf die Toilette zu begleiten. Schicken Sie Ihn nicht zu streng, aber unmissverständlich weg. Wenn möglich, schließen Sie die Tür hinter sich, wenn Sie z.B ins Bad oder in die Waschküche gehen, so dass der Hund gar nicht hinterher kann. Sofern es ohne eine größere Tragödie machbar ist, sollte der Hund auch nicht in Ihrem Schlafzimmer schlafen.

Regel 12

Betreiben Sie Selbstständigkeitsförderung durch entsprechendes Spiel. Dies heißt, dass Sie mit dem Hund in einer Art und Weise spielen müssen, die sein Selbstbewusstsein erhöht.
Lassen Sie ihn beim Spielen mit einem geeigneten Spielzeug möglichst oft gewinnen, loben Sie ihn überschwänglich, wenn er sein Spielzeug stolz vor

Lassen Sie den Hund beim Spielen öfter gewinnen. Das stärkt sein Selbstvertrauen

sich her trägt. Auch Suchspiele sollten Sie einsetzen, um dem Hund möglichst viele Erfolgserlebnisse zu verschaffen. Spielen müssen Sie mit dem Hund täglich. Bringen Sie Ihrem Hund Tricks bei, wie z.B. Pfötchen geben, Rolle machen, Männchen machen, Schlappen bringen usw. Alles, was der Hund kann, dient der Stärkung seines Selbstbewusstseins. Fühlen Sie sich hiermit überfordert, sollten Sie geeigneten Unterricht besuchen, der Ihnen über die Anfangsschwierigkeiten auf diesem Gebiet hinweghilft.

Regel 13 Verbessern Sie den Erziehungsstand Ihres Hundes. Hierbei müssen Sie darauf achten, dass der Trainer, sofern Sie einen in Anspruch nehmen, über die Problematik Ihres Tieres informiert ist und nach den neuesten Erkenntnissen der Hundeerziehung arbeitet. Das Training soll dem Hund in erster Linie Selbstvertrauen und soziale Sicherheit vermitteln. Dies ist über Zwang oder gar Starkzwang keinesfalls zu erreichen.

Loben Sie den Hund, wenn er sein Spielzeug stolz präsentiert.

Regel 14 Bach-Blüten oder homöopathische Mittel haben schon in vielen Fällen zu sehr guten Erfolgen geführt. Allerdings benötigt man zur Auswahl und richtigen Dosierung unbedingt einen Experten bzw. eine Expertin.

Regel 15 Medikamentengabe sollte nur nach vorheriger Abklärung mit Ihrem Tierarzt erfolgen.
Damit eine solche Behandlung Erfolg hat, muss unbedingt gleichzeitig ein Programm zur Verhaltensänderung, wie oben beschrieben, erfolgen. Wichtig ist natürlich, dass der behandelnde Tierarzt Erfahrung mit den entsprechenden Medikamenten hat und nicht „auf gut Glück“ behandelt.

Regel 16 Wichtig ist auch, dass an Wochenenden oder im Urlaub der Hund ebenfalls regelmäßig alleine zu Hause bleiben muss, damit die Umstellung hinterher nicht so groß ist. Besonders trifft dies zu, wenn Sie lange Ferien haben, z. B. Lehrer.

DER DAUERKLÄFFER

Bellen gehört dazu

Auch Bellen zählt zu den normalen Verhaltensweisen eines Hundes. Früher war es oft Zuchtziel (Wächter, Jagdhunde, die mit „Spurlaut“ verfolgen), heute ist es oft eine Quelle des Ärgers mit den Nachbarn oder eine Zerreißprobe für die eigenen Nerven.

Bellen auf Kommando: Sie provozieren das Bellen, z.B. durch ein hingehaltenes Spielzeug, das der Hund nicht erreichen kann. Bellt er, feuern Sie ihn begeistert an und verwenden Ihr neues Hörzeichen GIB LAUT. Hört der Hund auf zu bellen, um sich die Belohnung zu holen, geben Sie das Hörzeichen RUHIG.

Zu welcher Rasse gehört mein Hund?

Um den Ursachen und damit den Lösungsmöglichkeiten auf den Grund zu gehen, sollten Sie erst einmal einen Blick auf die Rasseherkunft Ihres Hundes werfen. Alle Haus- und Hofhunde (beispielsweise Dackel, Spitze, Hovawarte, Terrier) haben die deutliche Neigung, alles zu melden. Auch die Gruppe der Hütehunde ist für eine „lose Kehle“ bekannt.

Normales Bellen

Als normal ist es für fast alle Hunde zu bezeichnen, wenn der Hund beim Läuten der Türglocke bellt oder bei vorbeikommenden Passanten, wenn er sich im Garten oder Hof aufhält. Dies komplett abstellen zu wollen, ist bei den meisten Hunden völlig unmöglich und wider die Natur des Hundes.
Es sollte jedoch möglich sein, den Hund während des Bellens zu stoppen, damit es nicht zu Dauergebell kommt.

Lösungsvorschläge für Dauerkläffer

Nicht jede der folgenden Möglichkeiten helfen bei jedem Hund. Gerade beim Bellen gibt es hoffnungslose Fälle.

Auf Kommando bellen lernen

Bringen Sie Ihrem Hund bei, auf Kommando zu bellen (siehe „Erziehungsspiele für Hunde"). Hört er auf, geben Sie ein Hörzeichen, beispielsweise **RUHIG** oder **STILL**. Belohnung nicht vergessen. Dies ist notwendig, damit Ihr Hund überhaupt erst einmal versteht, was Sie von ihm wollen. In der Regel versucht der Mensch es ja mit lauten Kommandos, der Hund jedoch hat hier eher das Gefühl, dass sein Mensch mitbellt.

Allgemeines Gehorsamstraining

Eine allgemeine Gehorsamsverbesserung (Basisplan S. 116) ist auf jeden Fall sinnvoll. Üben Sie auch **PLATZ** aus jeder Situation heraus. Viele Hunde bellen im **PLATZ** nicht mehr.

Lasten Sie Ihren Hund aus!

Der Hund muss körperlich und geistig ausgelastet sein. Für unterforderte Hunde ist das Bellen oft die letzte Möglichkeit, Frust abzubauen. Unter diesen Umständen werden Sie es mit humanen Methoden nicht abstellen können.

Füttern Sie das Richtige?

Ist das Futter dem Temperament und der Auslastung des Hundes angemessen? Oder erhält er gar Hochleistungsfutter? (Siehe Auslastung und Futter S. 150).

Überprüfen Sie die Haltung im Garten!

Lassen Sie Ihren Hund nicht mehr unbeaufsichtigt im Garten. Dass er dort bei vorbeikommenden Passanten bellt, ist völlig normal. Wenn Sie die Haltung nicht ändern können, dann ist es vielleicht möglich, ein Stück vom Garten abzutrennen, dass der Hund nicht mehr direkt bis zur Straße kann?

Lassen Sie nicht zu, dass Ihr Hund im Garten verärgert oder verunsichert wird.

Hausleine oder Transportbox

Ist der Hund bei Besuch sehr aufgeregt und verhindert er durch Dauergebell erfolgreich jedes Gespräch, kommen Sie um die Beachtung des Basisplans nicht umhin. Als Sofortmaßnahme sollte der Hund eine Hausleine tragen und an die Transportbox gewöhnt werden. Viele Hunde bellen in der Box nicht mehr. Klappt dies nicht, halten Sie den Hund an der Hausleine fest oder binden ihn in einer Ecke an. Nützt auch dies nichts, setzen Sie sich und stellen den Fuß auf die Hausleine. Dies so nahe am Hund, dass sein Kopf ein wenig nach unten gezogen wird. Es soll ein bisschen unbequem für ihn sein. Beachten Sie ihn weder, noch verlangen Sie **PLATZ**. Sobald er aufhört zu bellen, lockern Sie die Schnur ein wenig, so dass er wieder bequem sitzen oder stehen kann. Fängt er wieder an zu bellen, wird die Schnur erneut gestrafft. Diese Prozedur muss man im Allgemeinen nur einige Male wiederholen. Wichtig ist, dass der Hund sonst überhaupt nicht beachtet wird dabei.

Bellen auf Kommando: Sie können mit der Zeit auch ein Sichtzeichen einführen, die Fingeranzahl dient hier als Signal für das Bellen.

Spritzen mit der Wasserpistole

Bei manchen Hunden kann eine Wasserspritzpistole wahre Wunder bewirken, wenn man sie damit im Moment des Bellens nass spritzt.

Abbruchsignal über Disk

Auch mit den Disk können Sie bei manchen Hunden Erfolge erzielen. Wie Sie ein Abbruchsignal konditionieren, lesen Sie ab S. 126.

In ganz seltenen, besonders hartnäckigen Fällen haben wir das Abbruchsignal über Disk zusätzlich mit einem manuell auslösbaren Wassersprühhalsband (Foto S. 93) erstärkt.

Antibellhalsbänder

Mit Wasser oder Zitronenduft

Diese Halsbänder gibt es in verschiedenen Auführungen. Durch das Bellen des Hundes wird ein Sprühstoß gegen die Unterseite der Hundeschnauze ausgelöst.
Das Gerät lässt sich mit Zitronenduft (nicht ätzend!) oder mit einem Wasserstoffgemisch bestücken.

Nachteile

- Da das Gerät durch den Ton ausgelöst wird, sind „Fehlzündungen“ leider häufig. Wenn Sie an einer lauten Straße wohnen oder noch einen zweiten Hund haben, bewirkt das Gerät wirklich eine Quälerei, weil es viel zu oft ungewollt ausgelöst wird (z.B. auch, wenn der Hund sich kratzt).
- Zitronenduft soll für den Hund unangenehm sein. Den meisten Hunden ist es aber egal und wenn nicht, ist es in höchstem Maße unfair, da der Geruch ja auch nach Auslösen des Halsbandes noch im Fell hängt.
- Für sanfte, sensible Hunde ist das Gerät zu heftig. Aber gerade diese Hunde lassen sich eigentlich auch durch andere Maßnahmen gut erziehen. Robustere Hundetypen sind oft nicht genug beeindruckt, d. h., in diesen Fällen ist es nutzlos.

ACHTUNG

Der Hund kann mit den automatischen Antibellhalsbändern gar nicht mehr bellen, ohne bestraft zu werden. Dies halten wir für tierschutzwidrig, da Bellen zu den normalen Verhaltensweisen eines Hundes gehört und nicht durch alternative Verhaltensweisen kompensiert werden kann. Wir wollten Ihnen mit dieser Aufzählung verdeutlichen, wieso, und Ihnen auch die entsprechenden Argumente darstellen.

Gerade bei sensiblen Hunden müssen Sie mit Antibellhilfsmitteln sehr vorsichtig umgehen.

Antibellmaulkorb

Neu auf dem europäischen Markt sind Antibellmaulkörbe (vorgestellt von Dr. Peter Neville), die dem Hund kurzfristig das Bellen verleiden. Selbstverständlich sind sie nicht als Dauerlösung gedacht, sondern sie erschweren dem Hund das Bellen und können unterstützend eingesetzt werden. Sie müssen so angepasst werden, dass der Hund trinken und fressen kann. Er kann dann auch noch „wuffen", aber nicht mehr bellen. Achtung! Hecheln ist nur eingeschränkt möglich. Der sog. „Husher" darf deshalb nicht eingesetzt werden, wenn es zu warm ist oder wenn aus anderen Gründen(z.B. Aufregung, Stress, Angst)zu befürchten ist, dass der Hund hecheln muss.

Antibellmaulkorb

Bellen im Auto

Zusätzlich zu den beschriebenen Maßnahmen sollte der Hund in einer Transportbox so untergebracht werden, dass er nicht nach draußen sehen kann. Dies reduziert in vielen Fällen das Bellen erheblich. Kleine bis mittelgroße Hunde kann man auch auf dem Boden des Beifahrersitzes unterbringen. Hier ist es aber notwendig, einen Strick vom Halsband des Hundes in der Tür des Beifahrersitzes einzuklemmen. Dieser sollte so kurz sein, dass der Hund gerade so sitzen kann, aber nicht zum Fahrer oder auf den Sitz klettern kann.

Die Transportbox sorgt außerdem für ein Mindestmaß an Sicherheit beim Autofahren.

BUDDELN

Viele Hunde stehen in ihrer Wühlleidenschaft Maulwürfen in nichts nach. Haben Sie so ein Exemplar erwischt, helfen nur noch Kontrolle und folgende Tipps.

Legen Sie eine Buddelkiste an!

Das kann ein ausgedienter Sandkasten sein oder einfach nur ein – für den Hund – klar umrissenes Eckchen im Garten (beispielsweise mit Holzbalken umgrenzen). Lockern Sie die Erde auf oder füllen Sie Sand hinein und los geht's. Gehen Sie mit Ihrem Hund zu der neuen Kiste und animieren Sie ihn lebhaft, dort zu graben. Buddeln Sie selbst, und loben Sie jeden Ansatz des Hundes zu graben. In den ersten Tagen – später einmal wöchentlich – vergraben Sie ein Stück Trockenpansen oder ähnliche Leckereien. Zu Beginn darf der Hund ruhig dabei zusehen.

Alleinsein im Garten ist tabu!

Damit Ihr Hund verstehen kann, dass Graben ab sofort nur noch in der Buddelkiste erlaubt ist, darf er in den nächsten Wochen nicht mehr allein im Garten bleiben. Beobachten Sie ihn immer aus den Augenwinkeln. Sobald er an einer anderen Stelle Interesse zeigt, rufen Sie ihn Buddelkiste und beginnen dort mit ihm zu graben. Lob nicht vergessen!

Buddeln auf dem Spaziergang!

Zusätzlich sollten Sie ihn bei Spaziergängen an geeigneten Stellen seiner Buddelleidenschaft nachgehen lassen. Bitte achten Sie darauf, dass dies nicht auf Heu- oder Viehweiden geschieht!

DER DIEB

Diebstahl von Lebensmitteln und Gegenständen

Auch dieses, für den Menschen reichlich ärgerliches Verhalten, ist – wie könnte es anders sein – absolut hundetypisch. Weder ist es bösartig noch rachsüchtig, es ist einfach normal. Und hat auch nichts mit dominantem Verhalten zu tun! Trotzdem gibt es so einige Tricks, um den Hunden das lästige Stehlen abzugewöhnen.

Tricks

Schließen Sie alles weg!

Der einfachste Trick ist natürlich, nichts Fressbares herumstehen zu lassen. Haben Sie eine Küchentür, so gewöhnen Sie sich an, diese stets geschlossen zu halten. Ein banales, aber probates Mittel der Risikominimierung.

Tabuzone und Basisplan!

Zusätzlich sollten Sie die Küche für den Hund zur Tabuzone erklären: Jedesmal, wenn er eine Pfote über die Schwelle setzt, schicken Sie ihn energisch wieder hinaus. Seien Sie hartnäckig und befolgen Sie alle Regeln des Basisplans, dann wird er es nach einigen Tagen akzeptieren. Natürlich ist dies keine Garantie dafür, dass er diese neue Regel auch in Ihrer Abwesenheit befolgt. Sie kennen ja sicher das alte Sprichwort „Ist die Katze aus dem Haus, tanzen die Mäuse auf dem Tisch". Ihr Hund kennt es auch!

Die Küche wird zur Tabuzone.

Stellen Sie Ihrem Hund eine Falle

Bei manchen Hunden hilft es, den Tisch (oder die Anrichte) selbst zum regulierenden Element zu machen. Stellen Sie ihm eine Falle. Sie benötigen hierzu einige leere Getränkedosen oder PET-Flaschen. Falls Sie diese extra für die Hundeerziehung kaufen, sollten Sie sie einige Tage

vor dem geplanten Einsatz schon in dem jeweiligen Zimmer bereitstellen, damit Ihr Hund Sie nicht als Übeltäter entlarven kann. Die Flaschen sollten für ihn „normal" sein.
Wenn Sie die Falle aufbauen, sollte Ihr Hund nicht zusehen. Sperren Sie ihn in ein anderes Zimmer.
Sie benötigen jetzt etwas, was er voraussichtlich vom Tisch holen wird. Es muss aber so groß sein, dass er es keinesfalls auf einen Biss hinunterschlucken kann. Gut geeignet ist beispielsweise ein großes Stück getrocknetes Brotende. Ist Ihr Hund ein Gourmet und wird ein hartes Stück Brot nicht anrühren, können Sie es mit etwas Streichwurst verfeinern. An das Brot binden Sie mit einer Schnur eine Flasche oder die mittlere Dose einer kleinen Getränkedosenpyramide. Diese wiederum ist mit einigen kleinen Münzen oder Schrauben gefüllt, damit sie beim Herunterfallen viel Krach macht.
Der Aufbau sieht also folgendermaßen aus: Flasche (oder Dosenpyramide) mit entsprechendem Inhalt steht knapp hinter der Tischkante. Daran angebunden ist das Stück Brot, das liegt direkt am Rand des Tisches.
Nun warten Sie ab, bis es ganz dunkel ist oder schließen die Rolläden. Schließlich soll Ihr Hund den Schreck beim Stehlen nicht mit Ihrer kunstvollen Pyramide verknüpfen, sondern mit dem Stehlen vom Tisch. Lassen Sie die Tür offen stehen und begeben sich in ein anderes Zimmer.
Wenn Ihr Hund nun das Stück Brot vom Tisch zieht, wird ihm der ganze Aufbau folgen. Mit etwas Glück erschreckt ihn dies so, dass er in Zukunft nichts mehr vom Tisch nimmt. Sammeln Sie das Brot ein, bevor Ihr Hund es fressen kann! Insbesondere die Schnur darf er nicht herunterschlucken. Sie dürfen also keineswegs das Haus verlassen, solange die Falle aufgebaut ist.
Aber: Manche Kandidaten sind so furchtlos, dass Sie diese Überraschung nicht wirklich beeindrucken wird.
Das gleiche Prinzip kann man sehr gut beim Stehlen von Gegenständen anwenden oder bei Hunden, die in

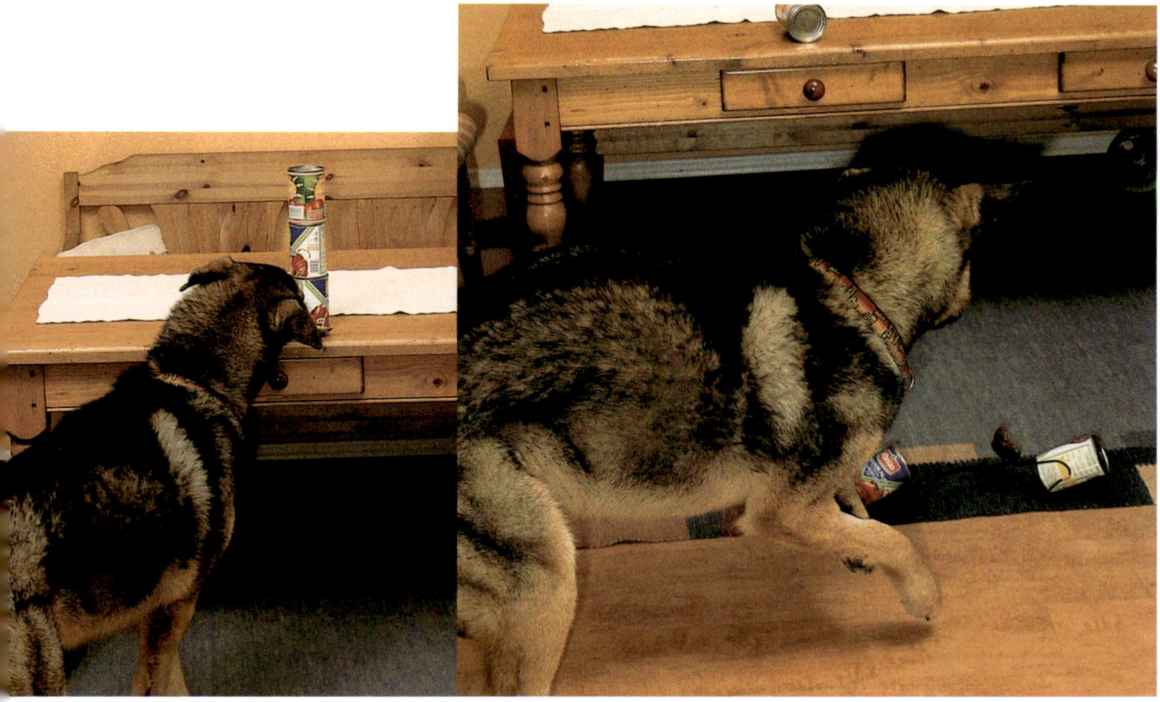

Die Dosenfalle – wenn der Hund versucht den Köder zu angeln, kracht die Dosenpyramide auf den Boden und der Hund erschrickt.

Topfpflanzen graben. Einige Dosen in den Zweigen der Topfpflanze wirken wunder!

Vorsicht bei unsicheren Hunden!

Ist Ihr Hund sehr unsicher, dann sollten Sie auf solche Schreckreize allerdings generell verzichten und lieber aufräumen.

Wenn gar nichts hilft!

Hin und wieder trifft man auf „Extremsportler“ unter den Hunden, die auch noch nach der dritten Magenöffnung wegen verschlungener Gegenstände munter Kugelschreiber, Brillengestelle und Ähnliches vertilgen. Hier hilft in Abwesenheit des Besitzers nur noch ein Maulkorb. Einige Hunde „verlernen“ ihre lebensbedrohende Angewohnheit, wenn sie einige Zeit (mehrere Wochen!) durch den Maulkorb daran gehindert wurden.

DER JÄGER

Warum Jagen ein Problem ist

Jagende Hunde sind für viele Menschen ein Problem: Für den Hundehalter, der sich zu recht Sorgen um seinen Hund macht, für den Jagdpächter, der sein gehegtes Wild lieber selbst selektiert, für den Autofahrer, dem ein Hund oder vom Hund gehetztes Wild vors Auto springt, und nicht zuletzt für das gejagte Wild selbst.

Das Argument, dass unserem Wild ja die natürliche Auslese fehle und deshalb Hunde ruhig hin und wieder ein wenig hetzen dürften, kann so nicht akzeptiert werden. Natürlich fehlen im deutschsprachigen Raum weitgehend Beutegreifer, aber Hunde können diese keinesfalls ersetzen. Zum einen fehlt bei unserem Haushund die Einsicht, wann eine Jagd erfolgversprechend ist oder nicht. Kein Wolf würde ein Reh weiterhetzen, wenn er keine Aussicht auf Erfolg hat, sondern nach einigen hundert Metern spätestens die Jagd abbrechen, um Energie für künftige Jagdeinsätze zu sparen. Hunde hingegen hetzen teilweise bis zur völligen Erschöpfung, was für das Reh ebenfalls eine enorme Verausgabung bedeutet. Eine Voraus-

wahl hinsichtlich von alten, jungen oder kranken Tieren wird vom Hund ebenfalls nicht getroffen.
Davon abgesehen ist die Gefahr, überfahren zu werden, für den wildernden Hund natürlich sehr groß. Im Übrigen hat der Jagdpächter auch das Recht, wildernde Hund zu erschießen. Die weitaus meisten Hunde aber kommen während des Hetzens durch den Straßenverkehr zu Tode, was nicht zuletzt auch für die beteiligten Autofahrer eine erhebliche Gefährdung bedeutet.

Jagen ist eine angeborene Verhaltensweise

Jagen zählt selbstverständlich zu den angeborenen Verhaltensweisen eines jeden Hundes. Rassebeschreibungen, in denen behauptet wird, dass diese oder jene Rasse nicht jagen würde und damit der ideale Begleiter für Menschen, die am Waldrand wohnen, oder Reiter bedeute, müssen mit der größten Vorsicht betrachtet werden. Im Großen und Ganzen betrachtet gibt es natürlich Rassen, die etwas weniger Jagdpassion aufweisen als andere. Aber pauschal einen „Nichtjäger“ erwerben zu wollen, gleicht doch mehr einem Lotteriespiel.

Shean und Red ein Beispiel

Zwei unserer eigenen Hunde geben hierfür ein gutes Beispiel: Shean ist ein großer Jäger, der im Wald und auf dem Feld in jeder Sekunde gut beobachtet werden muss, da er stets auf der Suche nach Rehen oder Hasen ist. Sichtet er Wild, kann er zwar problemlos abgerufen werden, das dazugehörige Training allerdings war nicht ganz so einfach. Red hingegen, der bei Iris Franzke lebt, ignoriert selbst Rotwild, das direkt vor seiner Nase den Weg kreuzt, vollständig. Beide Hunde gehören zur Rasse des Australian Shepherd, denen ja häufig nachgesagt wird, der ideale, nicht jagende, Reitbegleithund zu sein.

Was also tun, wenn sich beim Junghund oder erwachsenen Hund Jagdverhalten einstellt? Wie Sie von Anfang vorbeugen können, lesen Sie im „Kosmos Erziehungsprogramm für Hunde“.

ANTI-JAGD-PROGRAMM

Basisgehorsam verbessern

Das Mittel der Wahl ist hier die Schleppleine. Beginnen Sie an der 5-m-Leine mit der Übung „Verunsicherung auf Distanz“. Prescht der Hund häufig unvermittelt los, sollten Sie ihm ein

Die Arbeit mit der 5-Meter-Leine. Wenn der Hund unaufmerksam ist oder losrennt, machen Sie schnell einen Richtungswechsel. Kommt der Hund hinterher, wie auf dem Foto, bleiben Sie stehen und loben ihn.

Brustgeschirr anlegen. Reagiert der Hund gut auf Richtungswechsel können Sie zur 10-m-Leine wechseln. Handschuhe tragen nicht vergessen! Halten Sie die 10-m-Leine stets mit beiden Händen vor Ihrem Körper – um Ihren Rücken zu schonen!

Beginnen Sie, ein neues **KOMM**-Signal einzuüben.

Einen Übungsplan zum Schleppleinentraining aus dem „Kosmos-Erziehungsprogramm“ finden Sie auf S. 25.

Viele Hunde reagieren übrigens ausgezeichnet auf sog. „Coyote Calls“. Das sind Pfeifen, mit denen Wildlaute (in diesem Fall Coyote) nachgestellt werden können. Natürlich muss das Kommen auf diesen Pfiff hin mit einer besonders attraktiven Belohnung verknüpft werden. Ob Ihr Hund darauf anspricht, können Sie aber nur durch Ausprobieren herausfinden. Mehr zur Coyote Call finden Sie bei Günther Bloch: „Der Familienbegleithund im modernen Hausstand“. Es ist allerdings nicht ganz einfach, auf der Coyote Call den richtigen „Sound“ zu erzeugen. Trauen Sie es sich nicht zu, sollten Sie am besten eine ganz normale Hundepfeife verwenden.

Basisplan beachten

Der Basisplan (S. 116) muss beim jagenden Hund vollständig und ohne Ausnahme beachtet werden!

Futter reduzieren

Verwenden Sie ein Kalorien reduziertes Futter oder ersetzen Sie mindestens die Hälfte des Futters durch gekochten Reis. Optimal wäre, wenn Ihr Hund zu Hause überhaupt nichts mehr zu fressen bekommt, sondern sich alles Futter draußen erarbeiten muss. Suchspiele, Leckerchenrollen, Fährtenarbeit sind optimale Mittel, den Hund zum einen mehr auszulasten und zum anderen, ihm Spaß mit seinem Besitzer zusammen zu vermitteln. Bei Fährtenarbeit ist natürlich keinesfalls eine Schweißfährte (Jägersprache Schweiß=Blut) gemeint. Schließlich wollen wir den Hund nicht unnötig aufmerksam machen. Lassen Sie Ihren Hund Ihre eigene (oder von anderen Personen) Menschenfährte suchen (siehe auch „Erziehungsspiele für Hunde“).

Jetzt hat er sich ein Leckerchen verdient.

Jackpot für unterwegs

Als Jackpot sollten Sie ab sofort stets ein Hundefutterschälchen bei sich tragen. Dies macht natürlich nur Sinn, wenn Ihr Hund nicht zu Hause gleichwertiges oder gar besseres Futter bekommt. Hundefutterschälchen (mit Dosenfutter) haben den Vorteil, dass Sie einen leicht zu transportierenden Jackpot (= supertolle Belohnung) darstellen und der Hund direkt aus dem Schälchen fressen kann. Bitte verwenden Sie keine herkömmlichen Dosen, die Deckel sind viel zu scharfkantig. Weitere besonders gute Belohnungen sind für viele Hunde Lachsleckerchen, die es in sehr guter Qualität im Handel gibt.

Kommen an der Schleppleine

Üben Sie mit Schleppleine

Üben Sie erst einmal das Kommen an der Schleppleine bei wenig und mittlerer Ablenkung (Übungsplan S. 25). Lässt Ihr Hund sich problemlos aus einem fröhlichen Spiel mit anderen Hunden herausrufen? Nein? Lässt sich Ihr Hund angesichts eines Spielkameraden am Ende der Hundewiese auf Entfernung ins **PLATZ** rufen? Nein?
Dann können Sie auch keinesfalls erwarten, dass Sie ihn angesichts eines Hasen oder eines Rehs stoppen können.
Diese beiden Punkte sollten Ihr erstes Etappenziel sein.
In der Zwischenzeit meiden Sie wildreiches Gebiet. Natürlich lässt sich das nicht so problemlos steuern, aber mit etwas Nachfragen bei anderen Hundebesitzern und beim Jagdpächter kann man schon einiges in Erfahrung bringen.
Bis Sie Ihre oben genannten Etappenziele nicht erreicht haben, sollten Sie Ihren Hund nicht von der Schleppleine lassen. Jagen bzw. Hetzen ist ein sehr stark selbstbelohnendes Verhalten. Dies trifft natürlich auf alle Jagdsequenzen zu, nicht nur auf das „richtige Beutemachen".

Red bekommt gleich seinen Jackpot – ein leckeres Hundefutterschälchen.

Ihr Hund hat also genügend Spaß am Suchen, Aufstöbern und Hinterherlaufen, ohne dass er auch nur einmal wirklich ein Tier erwischt. Entwischt Ihnen Ihr Hund nur alle 12 Wochen einmal, reicht dies problemlos aus, um seinen „Appetit" darauf in voller Intensität aufrecht zu erhalten. Diese Zeitangabe ist ein völlig subjektiver Erfahrungswert und kann von Hund zu Hund extrem schwanken.

Jackpot nicht vergessen!

Belohnen Sie zu Beginn des Trainings das Kommen oder Abliegen in Situationen mit mittlerer Ablenkung fürstlich – Jackpot nicht vergessen. Je besser es klappt, desto mehr können Sie die Qualität der Belohnung und die Häufigkeit herunterfahren. Aber Achtung: Nicht zu schnell vorgehen! Erst wenn das Verhalten zuverlässig sitzt, können Sie die Schwierigkeit steigern und die Belohnung reduzieren.

Üben Sie auch im Wildpark!

Ein „Wildpark" im Garten: eine Übung mit starker Ablenkung für „Jäger".

Zusätzlich sollten Sie einen Teil der Übungen in einen Wildpark verlegen. Manche Wildparks erlauben die Mitnahme von angeleinten Hunden, manche nicht.

Achtung: Wenn Sie das erste Mal einen Wildpark aufsuchen, nehmen Sie einen sehr hungrigen Hund, exquisite Leckerchen (Lachskekse, gebratenes Hühnchenfleisch etc.) sowie mehrere Hundefutterschälchen mit.

Gerät Ihr Hund angesichts des Wildes oder nur aufgrund des Geruchs so außer sich, dass er selbst auf Ihre besonders guten Leckerchen nicht mehr reagiert, müssen Sie die Entfernung so groß wählen, dass er wieder ansprechbar ist. Notfalls müssen Sie die Übung sofort abbrechen und an einem anderen Tag wieder kommen. Dann nicht so nahe an den Wildpark heranfahren, sondern von weiter weg darauf zulaufen. Sobald Ihr Hund das Wild gewittert oder gesehen hat, üben Sie **KOMM** oder **PLATZ**. Fürstlich belohnen! Mehrere Suchspiele anschließen! Ihr Hund muss völlig begeistert von Ihnen sein, bevor

Sie einige Meter weiter gehen. Natürlich können Sie Ihren Hund auch mit einem wilden Spiel belohnen, falls er das wirklich lieber mag. Sobald Ihrem Hund das Wild wieder einfällt, wiederholen Sie die Übungen (und die Belohnung und die Suchspiele etc.). Üben Sie so lange, wie Sie Ihren Hund noch zu freudiger Mitarbeit motivieren können.
Dieses Prozedere sollten Sie so häufig wie irgend möglich wiederholen. Natürlich verknüpft der Hund erst einmal die Übungen nur mit diesem bestimmten Ort bzw. Wildpark. Aber es ist ein erster Schritt! Wenn Sie in der Umgebung noch andere Wildparks aufsuchen können – um so besser.

Auch hier wird zur Verdeutlichung die Disk für das Foto gezeigt.

Häufig ist das Wild in Wildparks sehr zahm oder sogar angriffslustig gegenüber Hunden am Zaun. Sollte Ihr Hund dabei irgendeine Form von Unsicherheit zeigen – verstärken Sie das! Trösten Sie Ihren Hund und bedauern Sie ihn lautstark – das böse Reh!
Bei manchen Hunden nützen die beschriebenen Übungen allerdings gar nichts – sie reagieren nur auf flüchtendes Wild. Dies finden Sie eventuell noch in Dammwildgehegen auf dem Land, falls das Gehege sehr einsam liegt.
Ansonsten können Sie mit solchen Hunden nur in natürlichen Situationen üben. Bevor Sie sich aber „auf die Jagd" machen, sollten folgende Voraussetzungen erfüllt sein:

- Ihr Hund verfügt jetzt in allen anderen Situationen über einen ausgezeichneten Grundgehorsam, Abrufen von anderen Hunden ist kein Problem mehr und auch sonst klappt alles sehr gut.
- Ihr Hund empfindet die Schleppleine als völlig normal und alltäglich.

Abbruchsignal konditionieren

Üben Sie ein Abbruchsignal ein (siehe S. 126), am besten mittels Diskscheiben. Üben Sie einige Tage, bis die Reaktion auf die Diskscheiben gut gefestigt ist.

„Jagen gehen"

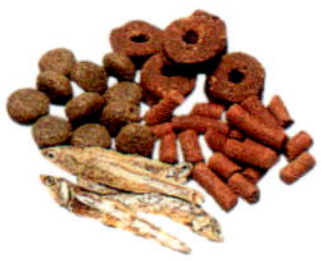

Jetzt gehen Sie „auf die Jagd". Kontrollieren Sie vorher Stabilität und Reißfestigkeit von Halsband bzw. Brustgeschirr und der Schleppleine! Eine zweite Person übernimmt die Diskscheiben oder die Schleppleine. Tragen Sie Handschuhe und fassen Sie die Schleppleine mit beiden Händen. Sie haben wieder einen hungrigen, eventuell auch schon ein wenig müden Hund sowie seine absolute Lieblingsbelohnung dabei. Sobald Ihr Hund das erste Mal durchstarten möchte, erfolgt das Hörzeichen **NEIN** oder **KOMM** (je nachdem, was Ihnen lieber ist), eventuell unter Einsatz der Disk. Rennen Sie sofort danach schnell von Ihrem Hund weg (mit der Schleppleine in der Hand!). Loben dabei nicht vergessen! Hat Ihr Hund Sie eingeholt, sofort ausführlich belohnen – Jackpot, Suchspiele etc. so lange, bis Ihr Hund das Wild vergessen hat. Das kann unter Umständen einige Minuten dauern und jede Menge Aktion Ihrerseits erfordern. Je erregter Ihr Hund ist, desto mehr Bewegung müssen Sie ihm über gemeinsames Rennen, Leckerchen fangen etc. verschaffen, da er seine Erregung irgendwie abbauen muss.

Lässt sich Ihr Hund in dieser Situation auch durch die Disk überhaupt nicht beeindrucken, sollten Sie den Einsatz eines Sprühhalsbandes erwägen. Viele Hunde lassen sich durch einen kalten Wasserstrahl gut beeindrucken und werden wieder ansprechbar. Die derzeitig auf dem Markt erhältlichen

Keinesfalls sollten Sie angesichts von Wild so ruhig stehenbleiben. Action ist angesagt.

Geräte sind allerdings noch nicht optimal ausgereift. Häufige Aussetzer und eine übermäßige Wasserempfindlichkeit (Hund darf keinesfalls damit schwimmen!) trüben die Freude über die an sich gute Erfindung. Empfehlenswert ist es unserer Meinung nach, den Sprühstoss als Verstärkung für das Abbruchsignal einzusetzen. Die Reihenfolge sieht also so aus:

- Hund sichtet Wild, Hörzeichen **NEIN** (oder **KOMM**),
- Hund reagiert nicht, max. 2 Sekunden später gleichzeitiger Einsatz von Disk und Sprüher, herumdrehen, weglaufen, Hund loben etc.

Das schreibt sich allerdings leichter als getan! Sinnvoll ist es, dass der Hundebesitzer die Schleppleine hält und das Hörzeichen gibt. Eine zweite Person betätigt dann nötigenfalls die Disk und den Sprüher, damit sich der Hundebesitzer ganz auf das Weglaufen und Loben konzentrieren kann.

Kann man Wild negativ besetzen?

Wild negativ besetzen? Häufig hört man, dass mittels Einwirkung das Wild selbst negativ besetzt werden soll. Dies klingt in der Theorie gut, in der Praxis scheitert es in der Regel an der Schnelligkeit des Hundes.

Um eine gelungene Objektverknüpfung zu erzielen, muss die Negativeinwirkung in dem Moment erfolgen, in dem der Hund das Wild zum ersten Mal wahrnimmt. Ein schwieriges Unterfangen! Man müsste also beispielsweise das Sprühgerät betätigen, sobald der Hund das Reh oder den Hasen zum ersten Mal wittert. Vielleicht schnüffelt der Hund aber nur gerade an einer besonders interessanten Markierstelle eines Hundekollegen? Oder er hebt den Kopf so ruckartig, weil am Horizont ein anderer Hund auftaucht? Passiert es Ihnen einige Male, dass Sie den Sprüher im falschen Moment auslösen, stumpft der Hund ab und ignoriert den Sprühstrahl. Ist der Hund aber sensibler, wird er völlig verunsichert.

So wird der sog. Sprüher ausgelöst – hier ein Masterplus.

Bei ihm sind alle Sinne auf Jagd geschaltet. Jetzt wird er Ihren Ruf nicht mehr wahrnehmen.

Noch mehr gilt dies selbstverständlich, wenn statt des Sprühgerätes ein Stromreizgerät eingesetzt wird. Einfacher ist es natürlich mit genau kalkulierbaren Situationen, z. B. mit Schafen oder Wild hinter dem Zaun oder vielleicht kennen Sie ja eine Stelle, an der Sie garantiert Kaninchen treffen?

Üben, Üben, Üben!

Haben Sie die erste Begegnung erfolgreich hinter sich gebracht, hilft jetzt nur noch eines: Üben! Mit jedem erfolgreichen Jagdabbruch werden Sie sicherer und Ihr Hund gefestigter in seinen Reaktionen. Keinesfalls dürfen Sie die Schleppleine jetzt schon entfernen. Dies ist erst der Fall, wenn Sie Ihren Hund über Wochen hinweg von allen möglichen Wildarten erfolgreich abgerufen haben!

Unaufmerksam sein!

Erst jetzt kommt der nächste Trainingsschritt: Seien Sie unaufmerksam! Natürlich nicht wirklich, sondern nur so, dass Ihr Hund es glaubt! Nehmen Sie eine Freundin oder Freund zum Spaziergang mit und plaudern Sie angeregt. Natürlich haben Sie die Schleppleine in der Hand und beobachten Ihren Hund möglichst unauffällig. Weisen Sie Ihre Begleitperson an, auch bei Wildsichtung möglichst fleißig weiterzuerzählen, geben Sie Ihrem Hund kein Signal, bis er das Wild – vermeintlich, bevor sein Mensch es wahrgenommen hat – sieht.

Erst jetzt rufen Sie Ihren Hund. Diese – hier gestellte – Situation wird Ihnen sicher immer wieder passieren: Sie sind einen Moment unaufmerksam und Ihr Hund schneller als Sie. Aber auch diese Momente kann und sollte man gezielt trainieren. Aber übertreiben Sie nicht: Einen Hund erst dann abzurufen, wenn er im vollen Lauf ist, ist bei den meisten Hunden ein Ding der Unmöglichkeit. Alle Sinne sind auf Jagd geschaltet – er kann seinen Menschen gar nicht mehr hören!
Erst wenn auch diese Hürde erfolgreich gemeistert ist, kön nen Sie dazu übergehen, mit schleifender Schleppleine spazieren zu gehen.

Die Schleppleine schleift mit

Bei einem passionierten Jäger sollten Sie dann evtl. in diesem Stadium bleiben. Das heißt, wenn Sie sich in wildreiches Gebiet begeben, hängt die Schleppleine am Hund.

Hilfe, es klappt nicht!

Sie haben wirklich alles so gemacht und es klappt trotzdem nicht?
Gönnen Sie sich und Ihrem Hund einen wirklich kompetenten Hundetrainer. Adressen erhalten Sie auf Anfrage von uns. Vielleicht gibt es noch die eine oder andere Schwachstelle in Ihrem Training, die Sie übersehen haben.
Eine weitere Möglichkeit ist in sehr seltenen Fällen der Einsatz eines Stromreizgerätes. Dies ist aber für die wenigsten Hunde geeignet. Auch diese Entscheidung und vor allem den Einsatz sollten Sie einem wirklichen kompetenten Hundemenschen überlassen! Gerade mit einer so starken Negativeinwirkung können Sie Ihren Hund zu einem absoluten nervlichen Wrack machen. Tun Sie dies Ihrem Hund und sich bitte nicht an, nur weil ihr Nachbar es vielleicht empfiehlt.
Leider ist es in der Realtität häufig so, dass viele Trainer und Hundebesitzer sich die Arbeit und Mühe einer ausführlichen Basiserziehung sparen wollen und lieber gleich zum „Knöpfchen" greifen. Dies ist dem Hund gegenüber in höchstem Maße unfair! Hiervon möchten wir uns deutlich distanzieren!

WICHTIG

Wir möchten nicht verschweigen, dass es auch Jagdspezialisten unter Hunden gibt, bei denen auch das sorgfältigste und ausdauerndste Training keinen Erfolg bringt. Auch dieses Urteil sollten Sie einem Fachmann überlassen. Für die meisten Hunde ist es durchaus in Ordnung, in wildreichem Gebiet an einer 10-m-Leine zu laufen, vorausgesetzt Sie verschaffen Ihrem Hund genügend Bewegung und Beschäftigung.

ANGST UND UNSICHERHEIT

Prägungs- und Sozialisierungsphase

Die Hauptursache für Ängstlichkeit oder Unsicherheit beim Hund ist in einer unzureichenden oder negativ verlaufenen Prägungs- und Sozialisierungsphase zu suchen. Es würde den Rahmen dieses Buches sprengen, auf die Welpenentwicklung und die Wichtigkeit einer guten Prägung und Sozialisierung ausführlich einzugehen. Wenn diese wichtigen Phasen im Leben eines Hundes versäumt wurden, ist eine daraus resultierende Ängstlichkeit nur noch sehr schwer oder auch gar nicht mehr zu beheben.

Negative Erfahrungen

Negative Erfahrungen im späteren Hundeleben führen sehr selten zu einer allgemeinen Ängstlichkeit. Natürlich kann Unsicherheit auftreten, wenn der Hund ein sehr negatives Erlebnis hatte (beispielsweise Beißerei mit schweren Verletzungen, Verprügeln durch Menschen), aber hier sind die Aussichten auf eine erfolgreiche Korrektur sehr gut, da sich das ängstliche Verhalten meist nur auf die erlebte Situation bezieht. Ein psychisch stabiler Hund verkraftet auch sehr unangenehme Erlebnisse meistens erstaunlich gut. Der sensiblere Kandidat natürlich kann schon eher Angst und Unsicherheit entwickeln.

Körperliche Ursachen

Körperliche Ursachen für Unsicherheit können ebenfalls vorkommen. Häufig handelt es sich um eingeschränkte oder nicht vorhandene Sinnesleistungen (z.B. Taubheit, schlechtes Sehvermögen etc.), die den Hund verunsichern. Auch Allergien können beispielsweise den Hund veranlassen, Angst vor Berührungen zu zeigen.

Angeborene bzw. vererbte Ängstlichkeit

Hier kommen wir zu einem alten Streitpunkt in der Ethologie: Was ist erworben und was ist vererbt? Im Grund genommen ist es für den Hundehalter unwichtig, ob die Ängstlichkeit des Hundes mehr vererbt oder mehr erworben wurde – für den

Welpengruppen sind ein „Muss“. Alle Umweltreize, die Hunde im Welpenalter kennenlernen, sind für sie normal und ungefährlich.

Züchter und die Zuchtverbände sollte dies aber nicht so sein. Leider stellen wir immer wieder fest, dass Züchter in unverantwortlicher Weise extrem unsichere oder auch aggressive Hunde auch für die Zucht verwenden.

Bei manchen Rassen, die seit langem auf eine sehr gute Zusammenarbeit mit dem Menschen selektiert wurden, schlägt die erwünschte Sensibilität in ein unerwünschtes ängstliches Verhalten um. Dies betrifft insbesondere manche Hütehundrassen. Im Rassestandard liest sich das dann meist als „distanziert gegenüber Fremden“. Dies trifft man übrigens auch bei den sehr eigenständigen Rassen, wie beispielsweise den Herdenschutzhunden.

DER UNSICHERE HUND

Generelle Ängstlichkeit

Bei Welpen

Haben Sie einen unsicheren Welpen, der nicht älter als ca. 14 Wochen ist, können Sie noch einiges „retten“. Nutzen Sie die restliche Zeit der Sozialisierungsphase (sie reicht ca. bis zur 16. oder 18. Woche) aus, um Ihrem Hund so viel Umweltreize wie möglich zu bieten. Anregungen und Vorgehensweise finden Sie in unserem Buch „Kosmos-Erziehungsprogramm für Hunde“.

Bei Junghunden oder erwachsenen Hunden

Leider ist die erste, wir möchten fast sagen, instinktive Reaktion des Mensch auf einen unsicheren Hund Rücksichtnahme, Bedauern und liebevolle Zuwendung. Und genau dies ist völlig falsch! Der unsichere Hund braucht einen souveränen, für ihn genau einschätzbaren Menschen, an dem er sich orientieren kann und der ihm klare Regeln vorgibt.
Trost, Verwöhnen und Bedauern vermittelt dem Hund leider oft den Eindruck, dass sein Mensch ebenfalls unsicher ist. Selbst wenn dies nicht der Fall ist, erhält der Hund für seine Ängstlichkeit Bestätigung und Zuwendung, so dass das unsichere Verhalten noch verstärkt wird. Auch Schimpfen oder Bestrafungen verstärken das ungewünschte Verhalten des Hundes, da Angst nicht durch Angst oder Schmerz behoben werden kann.

Klare Strukturen schaffen!

Der unsichere Hund braucht klare Strukturen. Sie können und sollten sich hierzu an die Regeln des Basisplans halten.

Ein unsicherer Hund …

Dies gibt dem Hund ein Gefühl von Geborgenheit und Sicherheit. Je klarer Sie für ihn die Führungsposition innehaben, desto mehr kann er Ihnen „glauben“, wenn Sie ihm vermitteln wollen, dass bestimmte Situationen keine Angst einflößen müssen.

In konkreten Situationen dürfen Sie Ihren Hund also weder bedauern, trösten, noch strafen. Was also tun? Nutzen Sie das Prinzip der Stimmungsübertragung. Noch einmal: Dies funktioniert um so besser, je mehr Ihr Hund Ihnen vertraut.

Ein Beispiel

Sie treffen beispielsweise bei einem Spaziergang auf einen Mähdrescher, der laut rumpelnd auf Sie zufährt. Neigt Ihr Hund zu panischen Reaktionen, sollte er übrigens draußen nicht ohne Schleppleine (am besten am Brustgeschirr) laufen, damit er sich nicht durch eine kopflose Flucht gefährden kann. Rufen Sie Ihren Hund heran (Vorsicht hier beim Lob: Schielt der Hund beim Herankommen schon ängstlich auf den Mähdrescher, könnte er ihr Belohnungsleckerchen für das erfolgte Kommen durchaus als Belohnung für seine Angst werten), treten Sie auf die Schleppleine (oder halten Sie kurz) und sehen Sie dem Mähdrescher gelassen entgegen.

... braucht einen souveränen Menschen.

Vorsicht bei Angst vor fremden Menschen und engen Stellen! Aus dieser Situation rechts könnte leicht ein Drohschnappen oder mehr entstehen. Achtung! Der Hund sollte außerdem keinesfalls in Situationen gezwungen werden, die ihn überfordern.

Falls Ihr Hund schon so abgelenkt ist, dass er nicht mehr auf Zuruf kommt, sollten Sie nur auf die Schleppleine treten und ihn so absichern, dass er nicht auf die Straße oder den Weg laufen kann.

Noch besser ist es, wenn Sie sich lautstark über den heran nahenden Mähdrescher freuen können. Dabei beachten Sie Ihren Hund überhaupt nicht, auch wenn dieser zappelnd versucht, sich zu befreien. Erst wenn der Hund sich wieder beruhigt hat (Sie freuen sich immer noch über den Mähdrescher!), gehen Sie kommentarlos weiter. Bitte den Hund auch jetzt nicht loben oder belohnen.

Vorsicht: Gerät der Hund in große Panik, ist dies natürlich nicht mehr hilfreich. Können Sie sich aus der Situation nicht mehr entfernen, dann halten Sie den Hund bitte mit beiden Armen umfasst und halten ihn fest. Trotzdem bitte nicht loben oder bedauern. Sind Sie sich in der Einschätzung des Hundes (Hat er „nur" Angst oder wirklich schon Panik?) unsicher, dann sollten Sie einen Fachmann hinzuziehen.

Vorsicht, Phobie! Handelt es sich wirklich schon um eine Phobie vor bestimmten Objekten, müssen Sie den Hund desensibilisieren, wie auf S. 104 beschrieben.

Unsicherheit gegenüber Fremden

Bei Unsicherheit gegenüber fremden Menschen sollten diese den Hund nicht zum Kontakt zwingen. Auch hier gilt: Freuen Sie sich über fremde Menschen, inszenieren Sie Begegnungen. Wenn Ihnen dies mit fremden Personen zu unangenehm ist, sollten Sie entgegenkommende Passanten wenigstens sehr freundlich grüßen.
Ist der Hund sehr unsicher, muss unbedingt darauf geachtet werden, dass der Hund durch eine einschüchternde Körpersprache des Menschen nicht noch mehr verunsichert wird. Das bedeutet:

- Dass man sich nicht über den Hund beugen sollte;
- nicht über den Kopf streicheln;
- nicht umarmen;
- nicht in die Enge treiben;
- nicht in die Augen starren.

Folgende Körperhaltung empfiehlt sich für die ersten Annäherungen an einen unsicheren Hund:

- Hocken Sie sich hin, seitlich vom Hund abgewandt.
- Schauen Sie den Hund nicht an!
- Bieten Sie ihm mit ausgestreckter Hand ein besonders gutes Leckerchen an und lächeln Sie!
- Erst wenn der Hund mehrfach ein Leckerchen genommen hat, können Sie langsam (immer noch lächeln!) Blickkontakt aufnehmen (eventuell nur für einige Sekunden) und versuchen, den Hund zu streicheln.
- Der Hundebesitzer steht dabei (auch lächelnd!) daneben und unterhält sich freundlich mit der anderen Person.

Möglicherweise muss dies viele Male wiederholt werden! Wenn es so gelingt, dass der Hund zunehmend Vertrauen zu einer anderen Person aufbaut, ist es leider nicht unbedingt so, dass der Hund dies auf alle Menschen generalisiert. Dazu sind sehr viele Erfolgserlebnisse für den Hund notwendig und häufig gelingt es auch nicht.

Brustgeschirr und Kopfhalfter

Unterstützend wirkt auf jeden Fall das Tragen eines Brustgeschirres und eines Kopfhalfters. Es gibt keine wissenschaftliche Untersuchung, warum sich Hunde damit ein klein wenig besser fühlen, aber es ist ein Erfahrungswert, den viele Hundetrainer bestätigen können. Ähnlich gut ist der Einsatz von Körperbinden, wie Sie in der TTEAM-Arbeit verwendet werden. (Lesen Sie hierzu auch „Tellington-Training für Hunde“). Leider haben diese Körperbinden (breite Bandagen) in der Öffentlichkeit den Nachteil, dass viele Passanten den Hund anstarren, sich darüber lustig machen oder den Hund mitfühlend ansprechen. All dies trägt gerade beim unsicheren Hund natürlich nicht dazu bei, dass er sich in der sowieso schon Angst einflößenden Situation besser fühlt. Ein Brustgeschirr ist hier also die bessere Variante.

Ein unsicherer Hund ohne …

TTouch, Bachblüten und Homöopathie

TTouch, Homöopathie und Bachblüten sind ebenfalls gute Möglichkeiten, unsichere Hunde ein wenig zu stabilisieren. Allerdings nur, wenn sie auch richtig angewandt werden. Keinesfalls macht es Sinn, homöopathische Mittel oder Bachblüten aufgrund von Symptomen herauszusuchen und anzuwenden.

Gerade die Homöopathie ist ein „Konstitutionsmittel", d.h., dass das Mittel genau auf den gesamten Hund und nicht nur auf ein Symptom abgestimmt werden muss. Sie benötigen hierzu also einen Fachmann.

... und mit Brustgeschirr und Halti.

Medikamente

Die Veterinärmedizin bietet ebenfalls eine Reihe von Medikamenten. Ob und in welcher Dosis ein Einsatz sinnvoll ist, sollten Sie mit einem Tierarzt, der damit schon Erfahrungen sammeln konnte, abstimmen.

Vorsicht geboten ist bei angstaggressiven Hunden. Nimmt man ihnen die Angst durch Medikamente, wird manchmal die letzte Hemmschwelle beseitigt und sie zeigen offenes aggressives Verhalten.

PHOBIEN

Als Phobie bezeichnet man unangemessen große Angst vor Objekten oder Situationen. Bei Hunden treten häufig objekt- oder geräuschbezogene Phobien auf, z.B. Angst vor lauten Geräuschen (Schüssen, Silvesterknallern, Gewitter) oder Objekten (Heißluftballons).
Diese Ängste entstehen manchmal schleichend und vom Menschen unbemerkt (und oft unbewusst verstärkt). Etwas seltener ist der Auslöser in einer einmaligen Situation zu finden, beispielsweise der erste Anblick eines landenden Heißluftballons oder ein Unfall mit lauter Geräuschentwicklung.

Diese Hunde sind nervenstark und „schussfest“.

Phobien behandeln

Um eine Phobie erfolgreich zu behandeln, müssen zunächst einmal alle Regeln, die im Kapitel „Der unsichere Hund“ beschrieben sind, genau eingehalten werden. Eine gründliche tierärztliche Untersuchung darf ebenfalls nicht fehlen, da viele Angstzustände auf krankheitsbedingte Ursachen zurückzuführen sind (beispielsweise treten bei Hirnhautentzündungen oft wechselnde Angstschübe in Erscheinung).

Desensiblisieren Sie den Hund

Das Mittel, das bei starken Ängsten den größten Erfolg verspricht, ist eine Desensibilisierung. Dies bedeutet, dass der Hund in winzig kleinen Schritten an den Angst auslösenden Reiz gewöhnt wird. Eine gut durchgeführte Desensibilisierung ist sehr Erfolg versprechend. Der eindeutige Nachteil liegt jedoch in der Dauer der Zeit, die aufgewendet werden muss. Oft zieht sich der Lernprozess über Wochen und Monate hinweg. Wir möchten Ihnen hier eine Desensibiliserung exemplarisch bei Angst vor lauten Geräuschen beschreiben:

Schritt 1

Als Erstes müssen Sie sich in die Lage versetzen, das Angst auslösende Geräusch beliebig oft in verschiedenen Lautstärken wiederholen zu können. Entweder zeichnen Sie es selbst auf oder Sie benutzen im Handel erhältliche Geräusch-CDs. Es gibt sowohl Geräusch-CDs, die speziell auf Hunde abgestimmt sind als auch fast jedes beliebige Geräusch auf CDs, die zum Vertonen von Filmen verwendet werden. Bei den meisten CD-Playern können die einzelnen Stücke auf Dauerwiederholung gestellt werden oder Sie kopieren das entsprechende Stück mehrfach hintereinander auf einen Tonträger. Vorsicht: Bei diesem Vorgehen sollte Ihr Hund nicht dabei sein (oder Sie tragen Kopfhörer und stellen den Ton ab), damit er das für ihn unangenehme Geräusch nicht mit Ihnen verknüpft.

Die wichtigste Regel ist: Der Hund darf dem Geräusch nur in der Lautstärke ausgesetzt werden, die er zwar wahrnimmt, aber noch gut ertragen kann. Wenn er das Geräusch gar nicht wahrnimmt, weil es beispielsweise so leise ist, unter anderen Geräuschen „untergeht“ oder er durch eine andere Tätigkeit abgelenkt ist, dann kann er nichts lernen. Ihre Mühe ist umsonst!

Andererseits darf das Geräusch auch nicht so laut sein, dass der Hund wieder große Angst bekommt. Auch dann lernt er nicht wie gewünscht, sondern fühlt sich nur wieder einmal in seiner Angst bestätigt.
Eine gute Möglichkeit ist es, eine schmackhafte Mahlzeit bereit zu stellen. Dann spielen Sie im Nebenraum das Geräusch sehr leise ab. Optimal ist es, wenn der Hund das Geräusch sichtbar registriert und beispielsweise kurz unbehaglich den Kopf hebt. Im nächsten Moment stellen Sie ihm das Futter hin und Ihr Hund entschließt sich für seine Mahlzeit.

Der Hund frisst.

Sie sollten Ihren Hund dabei gut beobachten und jederzeit in der Lage sein, die Lautstärke zu drosseln oder das Geräusch ganz zu beenden. Aber: Ihr Hund sollte sich Ihrer Aufmerksamkeit nicht bewusst sein, damit er nicht unliebsame Verknüpfungen herstellt. Ist der Hund jedoch von seiner Mahlzeit so begeistert, dass er das Geräusch überhaupt nicht wahrnimmt, sollten Sie die Lautstärke erhöhen. Aber bitte nur sehr vorsichtig!

Schritt 2

In den darauffolgenden Tagen sollten Sie so oft wie möglich das Geräusch in der für Ihren Hund noch erträglichen Lautstärke abspielen. Vorsicht: Es kann durchaus sein, dass Ihr Hund während des Fressens eine höhere Lautstärke duldet als ohne Futter! Im Laufe einiger Tage werden Sie die Lautstärke immer mehr erhöhen können. Gehen Sie nicht zu schnell vor! Ihr Hund darf an keiner Stelle Angst bekommen. Leichtes Unbehagen ist das Äußerste, was Sie ihm zumuten können. Kleiner Tipp am Rande: Spätestens bei Orchesterlautstärke sollten Sie mit Ihren Nachbarn reden.

Er nimmt das Geräusch wahr, schaut auf und frisst aber weiter.

Der Hund wird nicht beachtet.

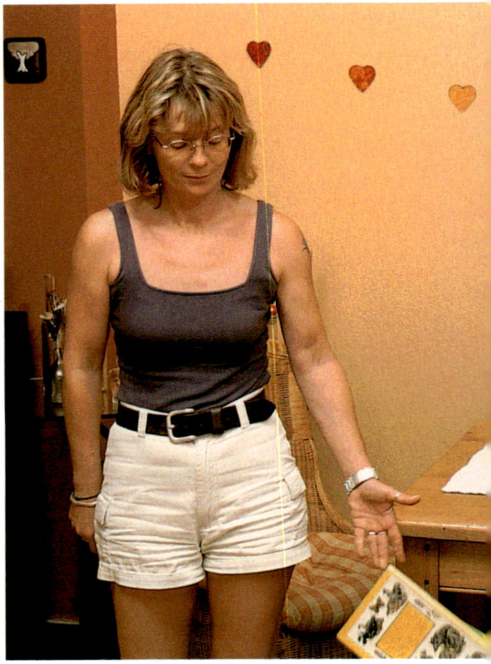

Schritt 3

Hat der Hund generell Angst vor lauten Geräuschen, können Sie zusätzlich in der ganzen Wohnung alte Bücher auf Tischen und Regalen verteilen. Die Dicke der Bücher sowie die Höhe richten sich nach der Toleranzgrenze Ihres Hundes, denn Sie sollen im Alltag hin und wieder beim Vorbeigehen ein solches Buch beiläufig herunterschubsen. Schauen Sie dabei weder Ihren Hund an noch das Buch, sondern gehen Sie unbeteiligt weiter. Auch hier gilt wieder: Ihr Hund darf zwar zusammenzucken, aber keinesfalls ängstlich unter der nächsten Bank verschwinden und lange Zeit nicht mehr hervorkommen, denn dann war es zu laut für ihn.

TIPP

- **Handelt es sich um Schussangst, können Sie später auf Faschingspistolen für Kinder wechseln.**
- **Vorsicht! Viele Hunde können genau erkennen, ob es sich um einen Schuss aus der „Konserve“ handelt oder um einen „echten“ Schuss.**
- **Die erste Knallerei erfolgt also im Nebenraum. Ein weiteres Familienmitglied beobachtet den Hund dabei unauffällig.**
- **Wenn Sie dabei sehr vorsichtig sein wollen, dämpfen Sie den Knall noch durch ein Kissen.**

Schritt 4

Wenn Sie schließlich bei Alltagslautstärke angelangt sind, sollten Sie einen Teil der Übungen nach draußen verlegen. Dies geht beispielsweise mittels geöffneten Fenstern im Garten und beim Spaziergang mit tragbaren CD-Player oder dem Auto-CD-Player etc. Vorsicht: Der erste Versuch draußen ist wieder deutlich leiser als in der Wohnung!

Gewitterangst

Manche Hunde lässt ein Gewitter aus der Stereoanlage völlig kalt. Grummelt es hingegen weit entfernt kaum hörbar, verschwinden sie zitternd unter dem Sofa. Die Theorie hierzu lautet, dass Hunde die Veränderungen in der Atmosphäre spüren. Dies kann natürlich nicht nachgestellt werden und kann deshalb auch nicht desensibilisiert werden.

Heben Sie die Bücher erst später wieder ohne Kommentar auf.

Bevor Sie jetzt gleich aufgeben, hier ein Tipp

- Testen Sie, ob es wirklich an der Atmosphäre liegt und nicht vielleicht an den fehlenden Blitzen. Diese können durch Fotoblitze relativ gut simuliert werden.
- Auch die Tageszeit kann eine Rolle spielen.

Vorsicht, Stimmungsübertragung!

Bei leichter Gewitterangst kann oft die Stimmungsübertragung des Menschen eine große Rolle spielen. Fürchten Sie sich selbst vor dem Gewitter, sollten Sie Ihren Hund in einen anderen Raum bringen. Besser ist es allerdings, wenn Sie beim ersten Donnergrollen begeistert zum Fenster eilen und sich wieder einmal lautstark über das Gewitter freuen. Den Hund beachten Sie dabei natürlich nicht. Gelingt es Ihnen nicht, Begeisterung vorzutäuschen, sollten Sie wenigstens unbeteiligt wirken.

Verwenden Sie eine Transportbox

Stellen Sie Ihrem Hund eine geschützte Rückzugsmöglichkeit zur Verfügung. Eine Transportbox oder ein Hundezelt können hier wertvolle Dienste leisten. Schließen Sie die Rolläden und stellen Sie möglichst laut Fernseher oder Radio an. Auch wenn es schwer fällt: Beachten Sie Ihren Hund nicht dabei, da seine Angst sonst immer größer wird.
Nützt alles nichts, sollten Sie Ihren Tierarzt um ein mildes, Angst lösendes Medikament bitten.

Hundezelt

Silvesterangst

Angst vor Silvesterkrachern etc. wird genau so densibilisiert wie oben beschrieben. Sowohl Feuerwerk als auch Kracher sind auf Geräusch-CDs im Handel erhältlich. Sind Sie bei Alltagslautstärke angelangt, kommen die ersten wirklichen Kracher zum Einsatz. Auch hier sollten Sie Ihre Nachbarn informieren, da Sie die ersten Kracher etwas entfernt vom Haus zünden sollten. Wie weit, richtet sich nach dem Nervenkostüm Ihres Hundes. Alternativ dazu können Sie sich mit dem Hund in den am weitesten entfernten Raum von der Garage begeben, in der der Kracher von einem Familienmitglied (einer weiteren Person) gezündet wird. Optimal ist es, wenn Sie mit der Hilfsperson über Funkgerät oder Handy in

Transportbox
(Gewöhnung S. 64)

Kontakt stehen können, damit abgesprochen werden kann, ob der Hund eine Wiederholung oder eine Annährung vertragen kann. Wenn Sie bis zum nächsten Silvester zu wenig Zeit haben, um den Hund vollständig zu desensibiliseren, sollten Sie sich beim Tierarzt ein beruhigendes Medikament holen, damit Ihr Hund Silvester verschlafen kann. Danach können Sie in Ruhe mit einer Geräuschetherapie beginnen.

Komplizierter wird es bei Geräuschen oder Objekten, die Sie nicht so einfach nachstellen können, wie z.B. Heißluftballons, Angst vor der Müllabfuhr etc.
Hierzu müssen Sie sich dem Angst auslösenden Objekt nähern. Dies muss aus einer so weiten Entfernung geschehen, dass Ihr Hund es noch ertragen kann. Zeigt er erste Unruhe, bleiben Sie stehen und zählen Butterblümchen, pfeifen ein Lied oder lesen ein Buch. Keinesfalls näher gehen! Sobald er sich beruhigt hat, können Sie wieder umkehren.

Probleme bei der Desensibilisierung

Leider scheitert eine Desensibiliserung an unvorhersehbaren oder unkontrollierbaren Erlebnissen im Alltag. Beispielsweise kommt die Müllabfuhr an einem anderen Tag als sonst und Sie haben Ihren Hund noch nicht ausquartieren können. Oder beim Spaziergang schießen Kinder mit Faschingspistolen. Das lässt sich dann leider nicht ändern. Aber: Egal, wie groß der Schreck ist, trösten Sie Ihren Hund nicht!

KORREKTURPROGRAMM

METHODENVIELFALT

Vorsicht vor falschen Experten!

Hat man einen knurrenden, schnappenden oder gar beißenden Hund, bekommt man von wohlmeinenden „Hundeexperten“ oft den Ratschlag, den Hund „einmal richtig zu unterwerfen“. Sei es durch den so genannten Alphawurf (dem Hund werden ruckartig ein Hinter- und ein Vorderbein weggezogen, so dass er auf der Seite zu liegen kommt), Nackenfellschütteln, Ohrfeigen, Prügel oder – ganz schlicht – „der braucht ein Brett“. Auch Herumschleudern an den Hinterbeinen mit gleichzeitigem Kneifen der Hoden wurde einem unserer Kunden (von anderer Seite aus natürlich) schon empfohlen. Allerdings wurde dem Kunden nicht erklärt, wie er dies angesichts seines Airdale-Rüden mit zwei Armen bewältigen sollte. Auch „moderne“ Methoden wie der Einsatz von Stromreizgeräten sind leider noch in vielen Hundeschulen gang und gäbe, und auch Stachelhalsbänder werden immer noch benutzt oder sogar angespitzt verwendet.

TIPP

Hundetrainer sollten sich mit Wolfsverhalten und allgemein der Ethologie auseinander setzen, um ein möglichst umfassendes Wissen zu erwerben. Fundiert können Sie dies in Günther Blochs Büchern nachlesen.

Wolfsverhalten und Hundeerziehung

Wir möchten nicht darauf eingehen, warum heftige körperliche Auseinandersetzungen in Rangordnungsfragen oder bei Streitigkeiten bei Wölfen und auch bei Hunden eher die Ausnahme sind. Hierzu gibt es mittlerweile ausgezeichnete Fachliteratur (siehe Serviceteil). Seien Sie vorsichtig bei Ratschlägen zur Hundeerziehung, die sich ausschließlich auf irgendein Wolfsverhalten stützen! Von Jahr zu Jahr gibt es neue Erkenntnisse, und dabei hat sich vor allem eines herausgestellt: *Das* Wolfsverhalten gibt es nicht. Wölfe sind Anpassungskünstler mit einem hoch entwickelten Sozialverhalten. Unsere Hunde stammen zwar vom Wolf ab und viele Verhaltensweisen lassen sich mit Wolfsverhalten gut erklären und ableiten, aber keinesfalls alle. Abgesehen davon sind Hunde keine Wölfe mehr. Uns geht es jetzt nur um die Praktizierbarkeit bzw. Umsetzung und vor allen Dingen darum, ob es sinnvoll ist, sich mit seinem Hund in eine wie auch immer geartete körperliche Auseinandersetzung zu begeben.

Sind körperliche Auseinandersetzungen mit Hunden sinnvoll?

Ein typisches Beispiel

Ihr Hund verweigert Ihnen den Zutritt zur Küche oder Ihr Näherkommen, während er frisst (weiteres zur Futteraggression S. 10, 124). Ein netter Nachbar empfiehlt Ihnen, den Hund einmal richtig durchzuschütteln.
Nun können sich folgende Hindernisse auftürmen:

- Sie lehnen körperliche Gewalt ab.
- Sie sind selbst körperlich nicht in der Lage dazu.
- Sie haben Angst vor Ihrem Hund und trauen sich nicht.

Vielleicht trifft aber nichts von alledem auf Sie zu, also fassen Sie Mut und nähern sich Ihrem Hund, während er frisst. Wie in der Vergangenheit knurrt er Sie an. Sie wollen ihn packen, schaffen dies auch und schütteln ihn so richtig durch.

Bei futteraggressiven Hunden sind verschiedene Reaktionen möglich.

Folgende Szenarien sind jetzt möglich:

- Ihr Hund gibt nicht nach und knurrt immer weiter, obwohl Sie ihn schon heftig schütteln. Und jetzt?
- Ihr Hund beißt um sich, erwischt Sie und verletzt Sie so, dass Sie vor Schmerz loslassen und eventuell ärztliche Hilfe in Anspruch nehmen müssen. Inzwischen kann wenigstens Ihr Hund seine Mahlzeit beenden. Unterschätzen Sie nie die Fähigkeiten Ihres Hundes. Schon der kleinste Hund kann einen Menschen massiv verletzen.
- Ihr Hund ist völlig entsetzt, lässt sich schütteln und verknüpft, dass Ihre Anwesenheit plus Futter nicht besonders angenehm für ihn ist. Er hat nun Angst vor Ihnen und weicht Ihnen aus. Trotzdem knurrt er noch immer, wenn Sie in seine Nähe kommen, auch wenn er dabei jetzt viele Anzeichen von Angst zeigt.
- Ihr Hund ist völlig entsetzt, lässt sich schütteln, unterwirft sich und knurrt nie wieder. Obwohl auch dieses Ergebnis hin und wieder auftritt, ist es eher die Ausnahme von der Regel. Meistens tritt das unerwünschte Verhalten des Hundes nach einigen Wochen, bei anderen Familienmitgliedern oder in anderen Situationen wieder auf.

Und die „sanften" Methoden? Aber auch die sogenannten sanften Erziehungsvertreter geizen nicht mit guten Ratschlägen. Nicht besonders hilfreich ist der Hinweis, der Hund brauche eben „sehr viel Liebe" und er habe sicher „einfach nur Angst". Ausgeklügelter wird es da schon, wenn der Hundebesitzer unterwürfiges Verhalten bestärken soll. Mag diese Herangehensweise für Menschen, die Hundeverhalten wirklich gut lesen können, noch praktizierbar sein (von der Wirksamkeit konnte uns noch niemand überzeugen), für den Laien ist es eigentlich fast undurchführbar. Aber was hilft denn nun tatsächlich?

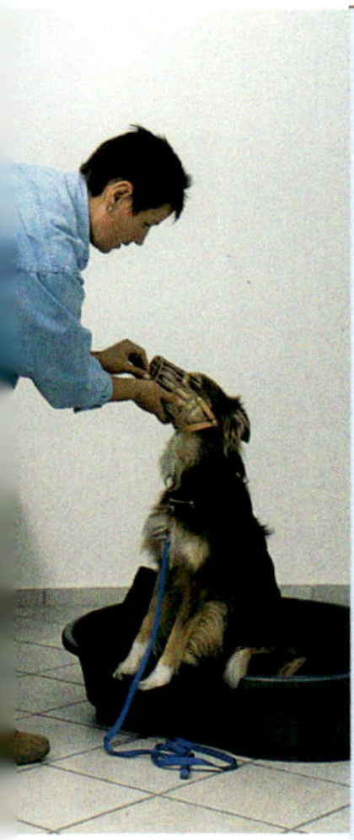

Hausleine (S. 155) und Maulkorb (S. 158) können als nützliche Hilfsmittel dienen.

DIE KORREKTURPLÄNE

- Die folgenden Regeln basieren auf unserer langen Erfahrung, sind aber keineswegs unsere alleinige „Erfindung", sondern Ergebnis jahrelanger Arbeit vieler Hundeerzieher und Verhaltenstherapeuten. Vieles davon lässt sich auf Rang anzeigendes Verhalten der Hunde untereinander zurückführen, einiges hat sich schlicht und ergreifend als praktikabel, durchführbar und sinnvoll erwiesen. Sozialverhalten von Hunden ist komplex (wenn auch nicht so ausgefeilt wie bei Wölfen) und kann nicht in ein bestimmtes Schema gepresst werden.
- Ausnahmen bestätigen die Regel! In den letzten Jahren ist es „modern" geworden, unter den Verfechtern der Hundeerziehung auf Basis ausschließlicher positiver Bestärkung darauf hinzuweisen, dass Hunde ihr komplexes Sozialverhalten nicht auf ihr Zusammenleben mit dem Menschen übertragen würden. Dieser Meinung sind wir nicht.
- Bedenken Sie bitte, dass Sie sehr wohl mit Ihrem Hund in einer demokratischen Partnerschaft leben können. Dies beinhaltet dann aber auch, dass Ihr Hund nach eigenem Gutdünken entscheiden kann, ob er Ihren Aufforderungen nachkommen oder Ihre Grenzen einhalten möchte. Artgerecht ist es allerdings nicht: Hunde sind ihrem ganzen Wesen nach Rudeltiere, die sich nur in einer Gruppe mit klaren Strukturen und einer möglichst stabilen Rangordnung wohl fühlen. Wenn Sie als Mensch dem Hund keine feste Führung anbieten, wird sich Ihr Hund gezwungen sehen (und das ist ganz wörtlich gemeint!), die Führungsrolle selbst auszufüllen.
- Beachten Sie vorerst alle Regeln. Bessert sich das Verhalten des Hundes deutlich, können Sie versuchsweise die eine oder andere Regel wieder lockern.

DER BASISPLAN

Zum Basisplan sollten Sie greifen, wenn Sie „einfach“ nur Gehorsamsprobleme oder den Hund neu übernommen haben. Außerdem ist er sinnvoll bei vielen problematischen Verhaltensweisen oder zur Stabilisierung ängstlicher Hunde. An die Regeln des Basisplans sollten Sie sich erst einmal mindestens drei bis vier Wochen halten. Tritt in dieser Zeit keine deutliche Veränderung im Verhalten Ihres Hundes ein, sollten Sie unbedingt fachliche Hilfe in Anspruch nehmen.

Sie essen zuerst

Füttern Sie den Hund immer erst, nachdem Sie selbst Ihre Mahlzeit beendet haben.

Kein Futter zur freien Verfügung

Der Hund darf keinesfalls Futter zur freien Verfügung haben. Füttern Sie den Hund zwei- bis dreimal täglich, so, wie es in Ihren Tagesablauf passt. Lassen Sie das Futter nicht stehen, wenn er kein Interesse daran zeigt. In diesem Fall nehmen Sie den Napf nach wenigen Minuten (höchstens 5) weg und geben das Futter zur nächsten Fütterungszeit.

TIPP

Verändert sich Ihr Hund hin zum gewünschten Verhalten, sollten Sie die Regeln des Basisplans so lange befolgen, bis Sie Ihr Ziel erreicht haben. Dann können Sie die eine oder andere Kleinigkeit eventuell wieder außer Acht lassen. Viel Hoffnung auf eine wesentliche Lockerung der Regeln in der Zukunft können wir Ihnen jedoch nicht machen.

Nichts vom Tisch füttern!

Füttern Sie Ihren Hund niemals mit dem, was Sie gerade essen oder gegessen haben, d.h. füttern Sie ihn niemals vom Tisch. Geben Sie ihm auch nichts von Ihren Zwischenmahlzeiten ab. Wenn Sie Essensreste haben, die der Hund erhalten soll, bewahren Sie diese bis zu seiner nächsten Mahlzeit auf. Hunde haben im Gegensatz zu Wölfen meist eine strikte Futterrangordnung.

Bitte beachten Sie diesen Punkt auch, wenn Ihr Hund nicht besonders verfressen ist.

Erklärung: Ein ranghöherer Hund würde niemals freiwillig etwas abgeben. Außer er ist satt, dann lässt er einfach den Rest liegen. Aber Sie möchten ja sicher nicht, dass Ihr Hund Ihren Tisch abräumt?

Sie essen zuerst! Ihr Hund bekommt seine Mahlzeit immer erst, wenn Sie mit dem Essen fertig sind.

Distanz verlangen!

Erlauben Sie dem Hund keinesfalls, sich während Ihrer Mahlzeiten unter dem Tisch oder direkt zu Ihren Füßen aufzuhalten. Verlangen Sie, dass er eine Distanz von mindestens 1 bis 2 Metern einhält. Dies ist zum einen eine ausgezeichnete Gehorsamsübung, zum anderen duldet ein ranghoher Hund nicht die anderen Rudelmitglieder direkt neben sich, während er frisst. Im Restaurant müssen Sie natürlich hin und wieder eine Ausnahme machen.

Richtig füttern!

Bevor der Hund seine Mahlzeit erhält, nehmen Sie den gefüllten Napf, halten ihn dem Hund über den Kopf und verlangen **SITZ**. Sitzt der Hund, geben Sie Hörzeichen **LAUF** und stellen erst dann den Napf auf den Boden. Befolgt Ihr Hund das Hörzeichen **SITZ** nicht sofort, d.h. spätestens beim 2. Hörzeichen, kommt der Napf sofort weg. Der Hund erhält das Futter nicht. Einige Minuten später versuchen Sie es erneut und verfahren dabei in der o.a. Weise.

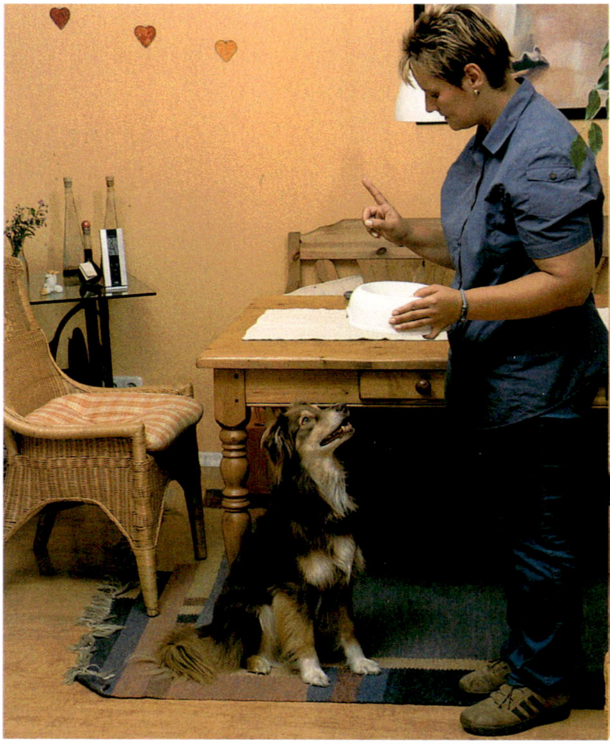

Halten Sie den gefüllten Napf über seinen Kopf, und verlangen Sie SITZ.

Wenn der Hund sitzt, geben Sie das Hörzeichen LAUF und Ihr Hund darf fressen.

Möglicherweise müssen Sie diese Prozedur zu Beginn mehrere Tage wiederholen, bis der Hund sich hinsetzt. Davon dürfen Sie sich nicht einschüchtern lassen. Zeigt sich der Hund hier besonders stur, schaden auch eine oder zwei ausgefallene Mahlzeiten gar nichts.

Achtung! Diese Regel gilt nicht bei futteraggressiven Hunden oder Hunden, die gegenüber Familienmitgliedern Aggression gezeigt haben und natürlich nur, wenn Ihr Hund **SITZ** bereits beherrscht (siehe Zusatzprogramm S. 124).

Tabuzonen einrichten! Lassen Sie den Hund keinesfalls auf Sofa, Bett, Eckbank o.Ä. Auch hier gilt wieder, schaffen Sie Tabuzonen, die nur Ihnen als (zukünftigem) Rudelführer vorbehalten sind. Erhöhte und besonders komfortable Plätze sollten ebenfalls den ranghöheren Mitgliedern vorbehalten bleiben. Beruhigen Sie Ihr schlechtes Gewissen (Haben Sie eines? Trösten Sie sich, Sie sind ein guter Mensch!) durch den Kauf eines besonders netten, weichen Körbchens!

Achtung! Dies gilt nicht, wenn Ihr Hund Sie oder Familienmitglieder bereits gebissen hat! Wenn Sie nicht anwesend sind, können Sie die Schlafzimmertür schließen und das Sofa durch Besenstiele oder Kartons „verderben". Falls Sie Ihren Hund nicht durch Hörzeichen vom Sofa verweisen können, müssen Sie ebenfalls zur Hausleine greifen (siehe S. 155). Auch eigene „Hundemöbel" sind nicht erlaubt!

Täglich bürsten! Bürsten Sie Ihren Hund täglich, egal, ob es aus hygienischen Gründen nötig ist oder nicht. Zeigen Sie ihm hiermit, dass Sie sich immer aufdrängen dürfen.

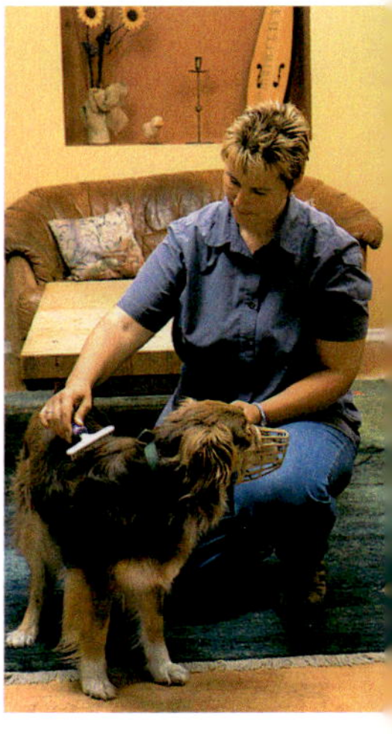

Achtung! Sollte Ihr Hund Sie während des Bürstens bedrohen, sollten Sie erst damit beginnen, wenn Ihr Hund einen Maulkorb trägt und Sie alle anderen Regeln bereits einige Wochen befolgt haben. Das Bürsten sollte keine Schmusestunde sein! Stellen Sie sich vor, Sie müssten noch 20 weitere Hunde bürsten: Gehen Sie zackig und sachlich vor, drehen Sie Ihren Hund herum (nicht auf den Rücken), bürsten Sie auch unbeliebte Stellen. Übertreiben Sie aber nicht: Sie sollten Ihrem Hund dabei nicht wehtun.

Richtig spielen!

Sie sollten mit dem Hund nur dann spielen, wenn Sie das Gefühl haben, im Spiel die Oberhand zu behalten, d.h., es dürfen von dem Hund keinerlei aggressiven Signale (egal welcher Art) ausgehen. Beachten Sie für das Spiel diese Punkte:

- Ihr Hund hat kein Spielzeug zur freien Verfügung. Gespielt wird ausschließlich mit einem dazu geeigneten Spielobjekt. Keinesfalls spielen Sie mit dem Hund, indem Sie gestatten, dass er Sie an den Händen, an der Kleidung etc. fasst.
- Absolut tabu sind Zerrspiele mit dem Hund. Lediglich Wegwerfspiele und Suchspiele sind akzeptabel.

- Sie fordern zum Spiel auf, indem Sie den Hund zu sich rufen und sein Lieblingsspielzeug, welches Sie konfisziert haben (s.o.) hervorholen.
- Sie brechen das Spiel ab, indem Sie das Spielzeug abnehmen und wegschließen.
- Können Sie dies nicht durchsetzen, brechen Sie das Spiel ab, indem Sie einfach aufhören den Hund zu beachten, egal, wie sehr er sich aufdrängt und bettelt. Lässt er das Spielzeug unbeachtet, weil Sie sich nicht mehr mit ihm beschäftigen, nehmen Sie es schnell weg.

- Wird der Hund im Spiel zu grob, rempelt Sie an oder beisst/knappt „aus Versehen“, brechen Sie das Spiel sofort ab und ignorieren den Hund. Caniden (also Hundeartige) zeigen oft das sogenannte „gespielte Spiel“. Dabei handelt es sich nicht um Spiel, sondern beispielsweise um das Austesten verschiedener Möglichkeiten (Was lässt sich mein Kumpel denn heute gefallen? Kann ich ihm das Spielzeug wegnehmen? Oder ihn gar mal fester zwicken?) oder den Versuch, unliebsame Maßnahmen abzuwenden. Das haben Sie vielleicht schon einmal gesehen: Jemand verlangt **PLATZ** von seinem Hund und dieser wagt es nicht, sich offen zu widersetzen, sondern hüpft umher, zeigt Spielaufforderung und markiert den Clown. Unter Hunden wird es auch als Ablenkungsvariante gezeigt, um einem anderen etwas abzuluchsen. Wird Ihr Hund also im Spiel zu grob, kann es durchaus sein, dass er Sie austestet. Dies können Sie sich aber derzeit nicht leisten. Brechen Sie daher das Spiel sofort ab.

Nicht auffordern lassen!

Sämtliche soziale Aktionen gehen von Ihnen aus und werden auch von Ihnen beendet. Lassen Sie sich nicht vom Hund zu bestimmten, von ihm gewünschten Handlungen auffordern wie z.B.: Spazierengehen, Spielen, Schmusen, Füttern, Terrassentür öffnen etc.
Zur Aufforderung zählt: unruhiges Auf- und Ablaufen, Jammern, Bellen, Pföteln, Kopf auf Schoß legen usw. Am wichtigsten sind hierbei natürlich die Aktionen, die für Ihren Hund den höchsten Stellenwert einnehmen. Verhalten Sie sich wie folgt:

Solange Ihr Hund Sie so auffordernd ansieht, sollten Sie ihn ignorieren.

Schmusen

Verhält sich der Hund in der o.a. Weise, weil er schmusen möchte, schicken Sie Ihn entweder weg oder ignorieren ihn völlig. Sobald er sich „getrollt“ hat und ruhig verhält, hier reichen einige Minuten vollkommen aus, rufen Sie ihn zu sich, verlangen **SITZ** und streicheln ihn. Achten Sie unbedingt darauf, dass Ihr Hund sein Vorhaben wirklich aufgegeben hat, sonst lernt er nur, dass Ausdauer haben Erfolg bringt. Kurze Zeit später hören Sie auf ihn zu streicheln und schicken ihn wieder weg.

Spazierengehen

Verhält sich der Hund zu den ihm bekannten „Gassizeiten“ unruhig, ignorieren Sie ihn oder schicken ihn weg. Wiederum: Einige Minuten ruhiges Verhalten reichen aus. Rufen Sie Ihren Hund, gehen Sie mit ihm in den Flur, verlangen Sie **SITZ** und leinen Sie ihn an. (Halten Sie diese Reihenfolge genau ein!) Haben Sie einen wirklich nervigen Drängler, gehen Sie doch einfach einmal ohne ihn kurz hinaus!

Füttern

Reagiert der Hund zu den ihm bekannten Zeiten mit Unruhe, schicken Sie ihn weg oder ignorieren Sie ihn. Wiederum einige Minuten ruhiges Verhalten belohnen Sie dadurch, dass der Hund herangerufen wird und zum Füttern geführt wird. Weiteres Vorgehen S. 118.

Spielen

Auch jegliches Spiel wird von Ihnen eingeleitet und abgebrochen (siehe S. 120).

Drängeln Sie sich vor!

Sorgen Sie dafür, dass der Hund Ihnen an Türen oder Treppen den Vortritt lässt, auf Sie Rükksicht nimmt. Drängeln Sie sich gnadenlos vor und nehmen Sie sich ein Beispiel an Ihrem Hund: Schubst er Sie, schubsen Sie noch mehr und erzwingen sich den Vortritt!

So nicht!

So ist es richtig.

Aufstehen verlangen!

Steigen Sie in der Wohnung nie um Ihren Hund herum, wenn dieser Ihnen im Weg liegt. Verlangen Sie, dass er aufsteht und Ihnen aus dem Weg geht. Können Sie dies noch nicht durchsetzen, verlangen Sie es erst gar nicht! In diesem Fall sollten Sie eine Hausleine benutzen. Fordern Sie den Hund ruhig auf, den Weg freizugeben. Wenn er dies nicht befolgt, ziehen Sie ihn mittels der Hausleine ein Stückchen weg.

Verhalten an der Leine!

Wenn Sie den Hund an der Leine spazieren führen, wechseln Sie öfters ohne große Vorankündigung die Richtung. Bestimmen Sie immer Tempo und Richtung! Erlauben Sie Ihrem Hund nicht, an der kurzen Leine zu markieren.

TIPP

Wenn Sie sich bei einigen Verhaltensweisen Ihres Hundes unsicher sind, ob Sie im Hinblick auf die Rangordnung etwas zu bedeuten haben, können Sie dies leicht mittels folgendem Merksatz beurteilen: Ranghoch ist derjenige, der den anderen bewegen oder einschränken kann.

ZUSATZPROGRAMM

Für futter-aggressive und territorial aggressive Hunde

Fütterungsort verlegen

Verlegen Sie den Platz, an dem Sie füttern, von „strategisch wichtigen" Plätzen (z.B. Küche, Flur, Eingangsbereich) hin weg zu „unwichtigen" Stellen. Solche Stellen sind z.B. hinter dem Haus, im Keller (nur, wenn dort kein Futter gelagert wird), auf der Terrasse etc.

Die Handfütterung fördert die Bindung zwischen Hund und Halter. Außerdem zeigt sie dem Hund, von wem er das Futter bekommt.

Handfütterung

Dies bedeutet, dass der Hund einige Zeit (bis zur Besserung seines Verhaltens) das Futter ausschließlich aus der Hand der Familienmitglieder erhält. Nehmen Sie den Futternapf und begeben Sie sich zusammen mit Ihrem Hund an einen strategisch unwichtigen Ort (wie oben erläutert). Wenn möglich, verlangen Sie **SITZ**. Können Sie dies nicht durchsetzen, kann es auch erst nach einigen Tagen verlangt werden.
Wenn Sie den Futternapf abstellen möchten, dann nur an einer Stelle, die der Hund nicht erreichen kann (beispielsweise in einem Regal, wenn vorhanden).
Der Hund darf das Futter aus Ihrer Hand fressen. Lassen Sie sich mit der nächsten Handvoll ruhig Zeit. Keinesfalls darf der Hund dabei drängeln oder gar knurren. Geschieht dies (sehr selten!), brechen Sie die Fütterung sofort ab. Nehmen Sie ohne weiteren Kommentar den Futternapf und räumen ihn komplett weg. Die nächste Chance erhält der Hund frühestens nach einigen Stunden. Verwenden Sie ein kalorienreduziertes Futter (siehe S. 151).
Die Handfütterung ist ein ausgezeichnetes Mittel zur Förderung der Bindung und um dem Hund klarzumachen, dass Sie das Futter verwalten und er es von Ihnen bekommt. Dies ist für den Hund keinesfalls so selbstverständlich wie in unseren

Augen. Schließlich ist er es von klein auf gewöhnt, dass (mehrmals) täglich ein gefüllter Futternapf bereit steht. Wenn sich nach einigen Wochen das Verhalten des Hundes deutlich gebessert hat, können Sie dazu übergehen, die letzte Handvoll in den Napf zu geben, die der Hund dann aus dem Napf fressen darf. Im Laufe der nächsten Tage wird die Futtermenge, die aus dem Napf gefüttert wird, immer größer.

Für Hunde, die gegenüber dem eigenen Besitzer aggressiv sind

- Handfütterung (siehe S. 124).
- Gewöhnen Sie Ihren Hund an einen Maulkorb (siehe S. 159). Beginnen Sie mit allen Korrekturprogrammen erst danach und vermeiden Sie jegliche Situation, in der das aggressive Verhalten evtl. wieder auftreten könnte.
- Benutzen Sie eine Hausleine (siehe S. 155).
- Lassen Sie Ihren Hund nicht in Ihr Schlafzimmer. Für den Erfolg ist es wichtig, Tabuzonen für den Hund zu schaffen. Schließen Sie auch die Tür, wenn Sie nicht zu Hause sind!
- Nehmen Sie Ihrem Hund seinen kompletten „persönlichen Besitz“ ab. Das heißt sein Körbchen, seine Decke, sein Lieblingsspielzeug usw.
- Lassen Sie Ihren Hund niemals unbeaufsichtigt mit Kindern allein (hierzu zählt auch der Aufenthalt von Kind und Hund allein in einem anderen Zimmer oder im Garten!). Dies sollte im übrigen für alle Hunde gelten, um Unglücksfälle zu vermeiden.

KONDITIONIERTE ABBRUCHSIGNALE

Was ist ein Abbruchsignal?

Ein Abbruchsignal ist ein Signal an den Hund, seine momentane Tätigkeit sofort zu beenden und (je nach Training) eventuell zurück zu seinem Menschen zu kommen.
Eigentlich nicht mehr, als man normalerweise mit einem schlichten „Nein!" erreichen möchte. Leider geht man zu Beginn seiner Hundebesitzerkarriere in der Regel zu verschwenderisch und unüberlegt mit dem Hörzeichen **NEIN** um, so dass der Hund es entweder nie richtig verknüpft oder abstumpft und es nicht mehr so ernst nimmt, wie man das gerne hätte. Dies ist auch der Grund, warum es sich nicht empfiehlt, das verbale „Nein!" (oder ein anderes Wort) erneut als alleiniges Abbruchsignal zu etablieren. Viel zu häufig „rutscht" es uns heraus und wäre innerhalb von kürzester Zeit wieder „verbraucht". Die Ausnahme stellen natürlich Welpen dar, bei denen das **NEIN** noch nicht „verbraucht" ist.

Anstelle des Hochspringens empfiehlt es sich, ein Alternativverhalten einzuüben, hier SITZ.

Abbruchsignale konditionieren

Es gibt verschiedene Möglichkeiten, ein Abbruchsignal zu konditionieren, die je nach Hundetyp verwendet werden können. Wir möchten hier einige Wege vorstellen und ihre Vor- und Nachteile aufzeigen.

Vorenthalten bzw. Frustration

Geben Sie Ihrem Hund einige Leckerchen. Dann halten Sie Ihrem Hund ein weiteres Leckerchen hin. In dem Moment, in dem er es nehmen möchte, schließen Sie Ihre Hand darum und sagen **NEIN**. Dies ist übrigens die geeignete Methode, einem Welpen Sinn und Zweck eines **NEINS** zu verdeutlichen. Nach einigen Wiederholungen wird ein durchschnittlich veranlagter Hund es aufgeben. Leider trifft dies nur für die etwas sensibleren Hundetypen zu. Temperamentvollere oder energischere Kandidaten lassen sich durch so eine simple Vorgehensweise nicht entmutigen und versuchen kraftvoll an das Leckerchen zu kommen, ohne das **NEIN** auch nur zu registrieren. Genauso wenig funktioniert es auch, wenn sich der Hund für das Leckerchen im Grunde genommen überhaupt nicht interessiert.
Häufig wird bei dieser Methode empfohlen, gleichzeitig zum Hinhalten des Leckerchens beispielsweise „Nimms!" zu sagen. Dies sei dem Hund gegenüber freundlicher und fairer. Das trifft jedoch nur zu, wenn dem Hund die Bedeutung des Hörzeichens **NIMMS** auch klar ist. Hört der Hund es bei dieser Übung zum ersten Mal, versteht er es natürlich nicht!

FAZIT

Sollte es mit dieser Vorgehensweise wirklich klappen, ist Ihr Hund so sensibel, dass Sie genau genommen das NEIN gar nicht aufwändig konditionieren müssen – es wird auch so funktionieren, einfach durch einen entsprechenden Tonfall und Gesichtsausdruck Ihrerseits. Leider sind solche Hundetypen sehr selten anzutreffen ...

Konditionierung des NEIN mittels „Bomper"

Hier wird das **NEIN** nicht nur über das Vorenthalten von Futter etabliert, sondern über einen Schreckreiz. Der herumschnüffelnde Hund wird für ihn unvorhersehbar mit einem zusammengeknoteten Handtuch beworfen. Gleichzeitig ertönt ein **NEIN**. Der Hund erschrickt und verknüpft das **NEIN** mit dem Schreck und seinem Verhaltensabbruch.
Vorteil: Kann vom Hundebesitzer selbst etabliert werden.
Nachteil: Nicht ausreichend genug bei vielen Hunden (siehe auch oben beschriebene Nachteile eines verbalen **NEIN**).

Sehr sensible Hunde werden dadurch sehr verunsichert, erhöhte Unsicherheit und Vertrauensverlust können die Folge sein.

Konditionierung mittels Schlüsselbund oder Leine

Eine recht veraltete, aber immer noch „beliebte“ Methode, die allerdings einige Tücken in sich birgt. Natürlich ist es sehr bequem, einen Gegenstand zu wählen, den man sowieso bei sich trägt. Dies ist aber gleichzeitig auch der Nachteil: Jedes Mal, wenn Sie Ihre Leine oder Ihren Schlüsselbund in die Hand nehmen, wird Ihr Hund systematisch desensibilisiert, weil es a) ihn nicht betrifft und b) häufig auch noch etwas Angenehmes, d. h. ein Spaziergang folgt. Bei sensiblen Hunden hingegen kann sich eine generelle Unsicherheit vor „belebten“ Gegenständen festigen.

FAZIT

Nicht empfehlenswert!

Konditionierung mit dem Bomper: Der Hund ist abgelenkt. Der Bomper kommt zum Einsatz (S. 127).

Und wie mache ich es richtig?

Sinnvoller ist es, ein neues Geräusch zu wählen, beispielsweise mit einer Wurfkette oder den sog. Diskscheiben. Beides gibt es in unterschiedlichen Ausführungen im Zubehörhandel zu erwerben.

Prinzipiell gibt es zwei Konditionierungsmethoden, die sowohl mit der Wurfkette als auch mit Diskscheiben angewandt werden können. Wir verwenden aufgrund der in der Tabelle genannten Vorteile nur noch die Diskscheiben, insbesondere wegen der Steuerbarkeit der Lautstärke. Die nachfolgend beschriebenen Übungen können allerdings auch mit der Wurfkette durchgeführt werden.

VOR- UND NACHTEILE VON WURFKETTE BZW. DISK

WURFKETTE	DISK
Kann alleine konditioniert werden (++)	Hilfsperson erforderlich (–)
Billig in der Anschaffung (+)	Etwas teurer
Schwer im Gestrüpp zu finden (–) (kann durch ein buntes Bändchen verbessert werden)	Etwas leichter auffindbar (+) (bereits mit rotem Bändchen ausgestattet)
Rasselt leicht ungewollt in der Tasche und beim Aufheben (–)	Intensität des Klapperns steuerbar, klappert nicht so leicht von alleine in der Tasche (++)

Voraussetzungen für die Konditionierung eines Abbruchsignals

Guter Grundgehorsam

Keinesfalls können Sie bei dieser Methode großen oder dauerhaften Erfolg erwarten, wenn der Hund über einen schlechten Grundgehorsam verfügt. Die Basiserziehung muss sitzen, d.h. Sie müssen erst einmal mit den Basisregeln für den Alltag sowie mit einem Gehorsamstraining (wahrscheinlich unter Einsatz der Schleppleine, erst 5-m, dann 10-m-Leine) beginnen, Haltitraining sowie die Reaktionen des Hundes auf **SITZ** und **PLATZ** intensivieren. Eine ausführliche Anleitung hierzu

Hier sitzt die Basiserziehung: Wenn Sie Ihren Hund aus dieser Situation heraus rufen können, hat er eine Belohnung wirklich verdient! Und Sie auch.

finden Sie in „Kosmos-Erziehungsprogramm für Hunde“. Dies bezieht sich auf die Erziehung des erwachsenen Hundes.
Beim Welpen sollten Sie sofort ein Abbruchsignal etablieren. Allerdings – wie weiter oben beschrieben – über Frustration bzw. Vorenthalten mit **NEIN** und nicht über die anderen, hier beschriebenen Methoden. Also keinesfalls mit Wurfkette/Disk etc. Frustration bzw. Vorenthalten reicht beim Welpen aus, um eine ordentliche Basis für das **NEIN** zu legen. Ganz abgesehen davon überwiegt bei Welpen die Neugierde, so dass sie sich nicht ausreichend erschrecken lassen. Dies trifft natürlich nur auf selbstsichere und gut sozialisierte Welpen zu.

Bei unsicheren Welpen hingegen verbietet sich ohnehin jeder Schreckreiz.
Erst wenn ein guter Grundstein gelegt worden ist und Sie noch an einigen Schwachpunkten bzw. unerwünschtem Verhalten des Hundes „feilen“ möchten, können Sie ein Abbruchsignal etablieren. Daneben muss selbstverständlich genügend Bindung und Vertrauen vorhanden sein. Dies sollte aber nach einer positiv und gründlich verlaufenden Basiserziehung vorhanden sein. Sind Sie sich unsicher, sollten Sie einen kompetenten Hundeerzieher und Verhaltensberater hinzuziehen, um sich und Ihren Hund überprüfen zu lassen.

Achtung! Es ist völlig sinnlos, bei Aggressionsverhalten gegenüber Familienmitgliedern mit Wurfkette oder Disk zu arbeiten. Die Wahrscheinlichkeit, dass der Hund sich erst recht gegen Sie wendet bzw. Sie nicht ernst nimmt, ist sehr groß, und dieses Risiko sollten Sie nicht eingehen. Der früheste Einsatz kann also erst nach einigen Wochen nach Beginn der Umerziehung erfolgen. Abkürzungen gibt es leider nicht!

Belohnung nicht vergessen!

ANONYME KONDITIONIERUNG

Die ersten Schritte

Vorbereitung

Ablenkungsarme Umgebung (am besten ein ruhiger Feldweg), nur Gerüche – keine anderen Hunde oder Menschen!
Ihr Hund läuft (am besten an der Schleppleine) maximal einige Meter vor Ihnen. Sie haben die Disk geräuschlos aus der Jackentasche geholt und halten Sie wurfbereit. Warten Sie jetzt ab, bis Ihr Hund an einer Stelle intensiv schnüffelt. Nun rufen Sie laut **NEIN** und werfen die Disk neben Ihren Hund. Der Hund wird erschrecken und sich umdrehen oder gar einen Satz zur Seite machen. Im gleichen Moment locken Sie Ihren Hund in den freundlichsten Tönen zu sich und fangen an, ihn

So deutlich sollten Sie die Disk nicht halten. Diese Haltung wurde nur für die Fotos gestellt.

äußerst intensiv zu bedauern und zu trösten. Sie sind geradezu außer sich vor Entsetzen, was Ihrem armen Liebling da gerade zugestoßen ist. Diese Stimmungsübertragung ist äußerst wichtig und sichert einen dauerhaften Erfolg der Konditionierung. Erst nach ein, zwei Minuten des Tröstens lassen Sie Ihren Vierbeiner wieder laufen.
Erst jetzt holen Sie sich die Disk wieder und heben Sie möglichst geräuschlos auf. Ihr Hund sollte dabei nach Möglichkeit nicht zusehen. Sie können ihn z. B. mit einem Suchspiel nach Leckerchen in eine andere Richtung ablenken.

FREMDKONDITIONIERUNG

Achtung!

Eine Fremdkonditionierung sollte bei Hunden, die Aggressionen gegenüber fremden Menschen zeigen, nur von äußerst hundeerfahrenen Menschen vorgenommen werden (eventuell mit Maulkorb).
Die Person, die den Hund erstmals konditioniert, sollte den Hund ansonsten nicht betreuen (beispielsweise als Urlaubspflege), da viele Hunde demjenigen, der die Fremdkonditionierung durchführt, gegenüber misstrauisch bleiben. Deswegen sollte diese Art der Konditionierung auf keinen Fall vom Besitzer selbst vorgenommen werden.

Vorbereitung

Ablenkungsfreie Umgebung mit hartem Untergrund (Fliesen, Pflaster, Teer), kleine und schmackhafte Leckerchen, die der Hund gerne nimmt.

Schritt 1

Der Hund wird von seinem Besitzer an einer ca. 2 m langen Leine locker gehalten. Der Ausbilder lockt den Hund heran und reicht ihm einige Leckerchen, wenn gewünscht jedesmal mit dem Hörzeichen **NIMMS**.

Schritt 2

Wenn sich der Hund in zufriedener und gelöster Stimmung befindet, legt der Ausbilder ein Leckerchen auf den Boden, jedoch ohne es loszulassen. In dem Moment, in dem der Hund versucht, es aufzunehmen, werden die Diskscheiben direkt neben die Hundenase geworfen. Jetzt gibt es zwei Möglichkeiten.

- Der Hund erschrickt und springt zurück. Sofort setzt lautstarkes Bedauern und Trösten des Hundebesitzers ein. Hierbei ruhig völlig übertreiben!
- Der Hund erschrickt kurz, versucht aber sofort wieder an das Leckerchen zu kommen, das vom Ausbilder immer noch festgehalten wird – der Hund soll **KEIN** Erfolgserlebnis haben! In diesem Fall müssen die Diskscheiben sofort wieder aufgenommen werden und nochmals energisch neben den Hund geworfen werden. In ganz hartnäckigen Fällen werden die Diskscheiben laut neben den Ohren des Hundes geschüttelt.

Der Hund steht entspannt. Die Ausbilderin gibt ihm einige Leckerchen und legt schließlich ein Leckerchen auf den Boden.

In dem Moment, in dem sich der Hund auch nur ansatzweise zurückzieht, muss sofort das Bedauern und Trösten des Hundebesitzers einsetzen.

Schritt 3

Später kann man wieder ein neues Hörzeichen dazu nehmen, um die Disk immer weniger verwenden zu müssen.

Achtung!

Diese Art der Konditionierung funktioniert in der Regel **NICHT** mit Hunden vor der Pubertät (und sollte in diesem Alter auch gar nicht nötig sein), da das Neugierverhalten überwiegt. Eine Konditionierung auf Geräusch (wie mit Wurfkette oder Disk) sollte ebenfalls nicht bei extrem Geräusch empfindlichen Hunden vorgenommen werden.

Ein Beispiel

Sie lassen versehentlich einen Topfdeckel fallen und ihr Hund wagt sich lange Zeit danach nicht mehr unter der Eckbank hervor. In diesem Fall sollten Sie – wenn überhaupt nötig – eine Konditionierung durch den Bomper wählen. Auch Hunde, die noch einen Wesenstest, bei dem mit Schreckreizen geprüft wird, bestehen sollen, sollten nicht auf die Disk oder andere Geräusche konditioniert werden. Sonst könnte der Hund beim Wesenstest ein unerwünschtes Verhalten zeigen, da er an die Konditionierung erinnert wird.

TIPP

Sollten Sie angesichts des Phlegmas des zu konditionierenden Hundes vorher schon mit der härteren Möglichkeit rechnen, verwenden Sie am besten eine doppelte Disk, d.h. Sie nehmen die Scheiben von zwei Disk und hängen Sie an ein Bändchen.

Wenn der Hund versucht, das Leckerchen zu nehmen, wird die Disk geworfen.

Der Hund erschrickt, springt zurück ...

... und sofort wird er übertrieben von seinem Besitzer getröstet.

NACH DER ERSTKONDITIONIERUNG

So geht es weiter

Schritt 1
Auf zum Spaziergang

Nach der ersten Konditionierung (egal, ob anonym oder durch Fremdperson) brechen Sie zu einem Spaziergang in ablenkungsfreier Umgebung auf. Suchen Sie sich jetzt eine Situation, in der der Hund wieder abgelenkt an irgendetwas Interessantem schnüffelt.

Schritt 2
Disk einsetzen und trösten

Rufen Sie ihn extrem freundlich und leise (so dass er dies nach Möglichkeit ignoriert). Im nächsten Moment klappert die Disk (oder rasselt die Wurfkette), der Hund erschrickt, und sofort setzt wieder das lautstarke Bedauern und Trösten ein. Auch wenn Ihr Hund nicht so stark reagiert und sich vielleicht nur fragend umsieht, fangen Sie sofort an, ihn zu bedauern und herzlich mit einem Leckerchen zu empfangen. Selbst sehr ignorante Kandidaten lassen sich nach einigen Wiederholungen „einreden", dass das Geräusch wirklich schrecklich ist.

Hilfe, es klappt nicht!

Falls Ihr Hund auf das Klappern wirklich gar nicht reagiert, werfen Sie zur Not die Disk neben ihn. Schaut er auf, fangen Sie sofort an ihn zu trösten. Sind Sie auf diese Weise vorgegangen müssen Sie unbedingt den Hund zuerst trösten, erst danach sammeln Sie die Disk ein.
Ob Sie diesen Vorgang auf dem weiteren Spaziergang nochmals wiederholen, hängt von Ihrem Hund ab: Ist er jetzt sehr beeindruckt und läuft nur noch neben Ihnen her, dann nicht. Ist er nach kurzer Zeit wieder guter Dinge, sollten Sie es eventuell noch ein bis zwei Mal wiederholen.
Jetzt gilt es den goldenen Mittelweg zu finden: Einerseits soll der Hund die Disk respektieren, andererseits soll er auch nicht völlig verunsichert werden.

Schritt 3
Ablenkung steigern

Die nächsten Tage müssen Sie nun langsam die Ablenkung, steigern bis Sie sich schließlich an das eigentliche Problem heranwagen.

EINSATZMÖGLICHKEITEN DER DISK

Der Leinenrüpler

Üben mit Hilfsperson

Der erste Einsatz sollte kontrolliert erfolgen, d .h., Sie sollten auf die Situation vorbereitet sein. Sie brauchen also ein „Übungsopfer", das Ihnen entgegenkommt. Wählen Sie die Entfernung möglichst groß, damit Sie sich vorbereiten können. Hund (mit Halti) auf der einen Seite, einsatzbereite Disk in der anderen Hand, marschieren Sie los.

Rechtzeitiger Diskeinsatz

Warten Sie nicht, bis Ihr Hund senkrecht in der Leine steht und schon völlig außer sich ist. Reagieren Sie auf das erste Anspannen des Hundekörpers, das erste Grollen mit einem selbstbewussten, ruhigen **NEIN**. Gleichzeitig ertönt ein leichtes Klappern der Disk (nicht gleich wild schütteln!). Zuckt Ihr Hund zusammen und stellt seine Angriffshaltung ein, sofort bedauern, loben, dabei flott weitergehen. Es kann durchaus sein, dass Ihr Hund nach einigen Schritten wieder anfängt, sich „aufzubauen". Sofort wieder **NEIN**, wenn nötig mit Diskeinsatz. Lassen Sie Ihrem Hund nach dem Hörzeichen **NEIN** max. 2 Sekunden Zeit, bevor Sie die Disk einsetzen. Lässt Ihnen Ihr Hund nicht genügend Zeit, sondern startet sofort mit wildem Gebell, dürfen Sie ruhig energisch neben seinem Ohr klappern. Achtung: Stellt er sein Bellen ein, sofort aufhören zu klappern und loben!

Die Disk klappert oder Sie werfen sie neben den Hund. Der Hund erschrickt.

Jetzt trösten Sie den Hund.

Bevor Sie die Disk bei Ihrem „Jäger" einsetzen, beginnen Sie mit dem Schleppleinentraining.

Das Timing muss stimmen!

Ihr Übungshelfer sollte Sie genau im Auge behalten und Ihnen durch Vergrößern oder Verringern der Distanz genügend Zeit verschaffen, richtig reagieren zu können. Achtung: Es kann sein, dass Sie bei einer Begegnung mehrmals zwischen **NEIN**, Klappern und Loben sekundenschnell wechseln müssen. Trauen Sie sich dieses Timing nicht zu, sollten Sie fachliche Hilfe in Anspruch nehmen. Machen Sie sich keine Vorwürfe – Fechten würden Sie ja schließlich auch nur unter Anleitung erlernen!

Der Jäger

Voraussetzungen für den Diskeinsatz

Jagdverhalten kann bei den meisten Hunden nur im Ansatz unterbrochen werden. Hetzt der Hund schon einige Meter hinter Wild her, wird er Ihr Klappern höchstwahrscheinlich gar nicht mehr registrieren. Bevor Sie die Disk also einsetzen, sollten Sie Ihren Hund schon mittels Schleppleine mehrfach erfolgreich von Wild oder von der Fährte abgerufen haben (siehe S. 86).

Seien Sie aufmerksam!

Mit einem jagdlich motivierten Hund können Sie es sich nie leisten, träumend durch wildreiche Gegenden zu spazieren. Sie müssen Ihren Hund immer im Auge behalten. Zeigt er auch nur die geringste Anspannung oder gar Vorstehen, müssen Sie ihn sofort herbeirufen. Reagiert er nicht, klappert im oder fliegt dann auch im nächsten Moment schon die Disk. Wenn der Reiz der Disk nicht ausreicht, um Ihren Hund zu stoppen, können Sie noch zu einem Sprühhalsband (siehe S. 93) greifen.

Buddeln, Müll fressen und andere Alltagswidrigkeiten

Im Grunde genommen stellen diese Ablenkungen nur einen mittleren Schwierigkeitsgrad dar. Bei den meisten Hunden sollten sie mit einer Kombination aus Gehorsamserziehung, reichlicher Belohnung und Unterstützung durch die Schleppleine zu bewältigen sein. Aber es gibt natürlich immer wieder Vierbeiner, für die das Buddeln im Mauseloch eine extrem starke Ablenkung darstellt. Prinzipiell gestaltet sich der Einsatz der Disk genauso wie beim Jagen etc.

TIPP

Bis Sie sich sicherer fühlen, sollten Sie die Situation so oft wie möglich stellen. Natürlich lässt sich das „normale" Leben nicht ganz ausblenden, seien Sie also gewappnet. Die Disk sollte ab sofort griffbereit in der Hand oder einer leicht erreichbaren Jackentasche auf ihren Einsatz warten.

Nimmt er eine Spur auf, müssen Sie sofort reagieren. Kommt er auf Ihren Ruf nicht, klappert oder fliegt die Disk.

Beispiele – Der notorische Buddler

Ihr Hund ist über beide Ohren im Mauseloch verschwunden und gräbt mit Ziel China. Rufen Sie ihn wie immer. Reagiert er nicht, klappert die Disk. Sofort danach trösten etc. Ausführliche Belohnung nicht vergessen. Ziel ist nicht, dem Hund das Buddeln an sich abzugewöhnen (dies ist auch gar nicht möglich), sondern den Gehorsam so weit zu verbessern, dass er sich abrufen lässt. Selbstverständlich darf ihr Hund auch regelmäßig buddeln, es geht hier nur ums Prinzip.

Jeder Hund braucht ausreichende körperliche und geistige Auslastung, sonst nützt die sorgfältigste Erziehung nichts.

Der Staubsauger

Gleiches gilt für die „Rasse der Staubsauger", die alles, was sich kauen und herunterschlucken lässt, auch verschlingen. Hier hilft nur, den Hund stets genau zu beobachten und ihn schnell genug mit **NEIN** und evtl. Diskeinsatz zu stoppen. Auch hier gilt: Ausführliche Belohnung nicht vergessen. Handelt es sich um extrem veranlagte Kandidaten, die auch unbekömmliche Gegenstände verschlingen, muss der Hund möglicherweise einige Wochen lang einen Maulkorb tragen. Ansonsten sollten Sie diese Hunde sehr stark mit Futtersuchspielen und Fährtenarbeit auslasten. Apportierbegeisterten Hunden hilft auch verstärktes Dummytraining.

Auffrischung

Bei manchen Hunden kann es vorkommen, dass trotz sorgfältigen Einsatzes die Reaktion nach einiger Zeit nachlässt. Hier empfiehlt sich eine Auffrischung über eine bewusst inszenierte Situation mit geringer Ablenkung und verstärktem Bedauern, Trösten etc. Gleichzeitig sollten Sie einen kritischen Blick auf Ihre häusliche Situation werfen: Vielleicht haben Sie ja das „Verwöhnaroma" zu Hause wieder – sicher unabsichtlich – verstärkt?

WICHTIGE REGELN IM UMGANG MIT DER DISK

- **Achten Sie auch zu Hause auf den Umgang mit der Disk. Nehmen Sie die Disk vorsichtig – ohne zu klappern – auf und lassen Sie auch Ihre Familienmitglieder – insbesondere für Kinder ist sie sehr verführerisch – nicht damit herumspielen.**
- **Für alle Übungen, in denen der Hund an Ort und Stelle bleiben soll, ist die Disk NICHT geeignet: SITZ, PLATZ oder PLATZ auf Entfernung! Schließlich haben Sie ihm bei der Konditionierung gezeigt, dass er Trost bei Ihnen erwarten darf, und das schließt ein ruhiges Liegenbleiben aus ...**
- **Im Übrigen sollten Sie mit der Disk nicht zu verschwenderisch umgehen, damit die Reaktion des Hundes nicht abstumpft. Auch so kann es durchaus sein, dass der Hund nach einigen Tagen oder Wochen nicht mehr wie gewünscht auf die Disk reagiert.**

Bei ganz hartgesottenen Vierbeinern kann das Geräusch verstärkt werden. Streuen Sie Ihrem Hund einige Leckerchen vor ein Garagentor (aus Metall!) und warten Sie kurze Zeit, während der Hund frisst. Nun rufen Sie ihn freundlich und ruhig. Kommt er nicht, werfen Sie die Disk über seinem Kopf an das Garagentor. Danach folgt das übliche Bedauern und Trösten. Dies bitte aber nur bei wirklich unempfindlichen Hunden!

FEHLVERHALTEN RICHTIG KORRIGIEREN

Welche der genannten Möglichkeiten bei einem Fehlverhalten des Hundes sinnvoll sind, kann keinesfalls pauschal beantwortet werden. Wir möchten Ihnen hier einige Entscheidungshilfen und Merksätze geben:

Ignorieren

Ignorieren ist nur dann ein wirkliches Ignorieren, wenn Sie den Hund und sein Verhalten überhaupt nicht wahrnehmen (in den Augen des Hundes!), d. h. kein Blickkontakt, kein Streicheln, kein Reden! Ignorieren ist in vielen Fällen als Erziehungshilfsmittel sinnvoll, in anderen nicht: Das Verhalten darf auf keinen Fall auch nur annähernd selbstbelohnend sein.

Ein Verbellen des Postboten können Sie natürlich nicht ignorieren.

Üben Sie ein Alternativverhalten ein: SITZ!

Beispiele

- Jagen (und damit ist auch schon das Verfolgen einer Fährte oder das – in unseren Augen – erfolglose Hinterherhetzen eines Tieres – gemeint).
- Ankauen von Gegenständen (macht Spaß oder baut – bei Trennungsangst – Stress ab)
- Anbellen von Artgenossen aufgrund von Aufregung oder Aggression = Stress abbauend. Zeigt der Hund das Verhalten nur aus Unsicherheit, könnte Ignorieren evtl. helfen. Die Unterscheidung ist hier jedoch extrem schwierig!
- Müll- oder Kotfressen.
- Selbstverständlich sollte sein, dass der Hund durch seine Handlung niemanden belästigen oder gar gefährden kann.
- Wenn das Ziel der Handlung des Hundes Aufmerksamkeit ist, ist Ignorieren das Mittel der Wahl (beispielsweise Manipulationsverhalten, Hochspringen)

Alternativverhalten einüben

Handelt es sich um erlerntes Verhalten, hat man mit dem Einüben eines Alternativverhaltens in der Regel Erfolg. Das Alternativverhalten sollte so gewählt werden, dass das ursprüngliche Verhalten nicht ausgeübt werden kann.

Und vergessen Sie die Belohnung nicht.

Beispiel

Der Hund verfolgt bellend einen Jogger.

Alternativverhalten

Heranrufen und **SITZ** einüben! Das Alternativverhalten muss genau so viel „Gewinn“ (zu Beginn eher deutlich mehr!) für den Hund bringen wie das Fehlverhalten. Es macht wenig Sinn, den Hund vom Jagen abzuhalten, und dann mit einem kleinen Trockenfutterbrocken zu belohnen. Jagen ist wesentlich attraktiver für den Hund!
Bis das Alternativverhalten zuverlässig klappt, muss es sehr häufig geübt werden!

Positivverstärkung – Belohnen

Eine Belohnung oder Positivverstärkung ist es, wenn der Hund sie als angenehm empfindet. Damit eine Belohnung Sinn macht, muss sie in erster Linie vom Hund auch als Belohnung empfunden werden.

Wichtige Regeln

- Ein eher ruhiger Hund wird ein geworfenes Bällchen nicht als attraktive Belohnung empfinden. Oder ein Hund, der nicht gerne frisst oder besonders attraktives Futter zu Hause erhält, wird sich über ein kleines Trockenfutterstück nicht besonders freuen. Hier sind so viele Möglichkeiten gegeben, wie es Hunde gibt (und das macht Hundeerziehung so individuell und spannend!). Deswegen ist es auch reichlich unsinnig, sich auf eine Methode zu versteifen, z.B. nur Spielbelohnung oder nur Futterbelohnung oder nur Futterbeutel oder nur Streicheln oder, oder, oder. Hüten Sie sich vor „Nur so geht das“-Aussagen!
- Die Belohnung muss im richtigen Moment erfolgen, damit der Hund sie auch mit der erwünschten Verhandlung verknüpfen kann (2-Sekunden-Regel!).
- Die Belohnung muss attraktiver als ein mögliches selbst belohnendes Verhalten sein.

Negativverstärkung – Bestrafung

Zur Unterscheidung: Als Bestrafung bezeichnet man ein Zufügen von negativen Einwirkungen, nachdem das unerwünschte Verhalten ausgeführt wurde. Dies ist in der Hundeerziehung natürlich völlig unsinnig, zerstört das Vertrauensverhältnis zwischen Hund und Mensch (oder lässt es erst gar nicht entstehen). Entgegen der immer noch weit verbreiteten Meinung, man könne einem Hund seine Missetat zeigen oder gar erklären, weil er doch eindeutig „ein schlechtes

KOMM! Wenn Ihr Hund sich aus dieser Situation abrufen lässt, hat er eine „saftige“ Belohnung verdient.

WICHTIG

Alle Hinweise beziehen sich auf die Lernphase. Ist das erwünschte Verhalten gefestigt und funktioniert zuverlässig, kann die Qualität der Belohnung sowie die Häufigkeit reduziert werden. Hin und wieder auffrischen!

Gewissen hat“, zeigt der Hund auf Vorhaltungen oder körperliche Zurechtweisung nach seiner „Untat“ lediglich Beschwichtigungsverhalten und versucht damit, seinen aggressiven Besitzer wieder milder zu stimmen. Eine erfolgreiche Negativverstärkung hingegen unterbricht das unerwünschte Verhalten im Moment des Ausführens.

Wichtige Regeln

- Negativverstärkung hat genau wie die Belohnung als Positivverstärkung nur einen Sinn, wenn der Hund die Möglichkeit hat, sie mit seiner Handlung zu verknüpfen (2-Sekunden-Regel!).
- Die Negativverstärkung muss das unerwünschte Verhalten sofort und dauerhaft abstellen (dauerhaft ist – wie immer – individuell zu verstehen).

- Eine ansteigende Negativverstärkung ist beim Hund nur sinnvoll, um ihm die Konsequenzen seines Verhaltens deutlich zu machen. Sie macht nur Sinn, wenn das Verhalten noch nicht fest etabliert ist.

Beispiel

Ihr junger Hund kaut das Tischbein an. Ihr lautes und strenges **NEIN** ist die erste Stufe einer Negativverstärkung. Ein sensibler Hund wird sich erst einmal eingeschüchtert einer anderen Beschäftigung zuwenden. Vielleicht fällt ihm das Tischbein am nächsten Tag wieder ein. Dies wäre für einen jungen Hund dauerhaft genug. Blickt er Sie jedoch nur fragend an, überlegt 10 Sekunden und nagt dann weiter, hat ein **NEIN** bei diesem Hund nur wenig Sinn. Im Gegenteil: Er würde nach einigen erfolglosen Wiederholungen Ihrerseits lernen, dass man ein menschliches **NEIN** getrost ignorieren kann.

Hier wird der Schnauzgriff demonstriert. Man greift mit der Hand über den Fang des Hundes.

Beispiel für ein Stufenprogramm beim Welpen

1. Stufe: Energisches und strenges **NEIN**
2. Stufe: Nein und gleichzeitig leichter Schnauzgriff
3. Stufe: Nein und gleichzeitig fester Schnauzgriff

Achtung!
Eine Bestrafung im nachhinein ist völlig sinnlos und dem Hund gegenüber unfair, da er sie nicht verstehen kann.

4. Stufe: Nein und gleichzeitig sehr fester Schnauzgriff und einige Sekunden festhalten (Lefzen des Hundes gegen seine eigenen Zähne drücken)

Stellt man nach einigen Tagen fest, dass der Welpe prinzipiell erst nach Stufe 3 reagiert, kann man Stufe 1 und 2 erst einmal weglassen, da der Welpe sonst nur immer unempfindlicher bzw. abgehärtet wird.

- Es gilt also, die jeweilige individuelle Empfindlichkeit des Hundes herauszufinden und eine Negativverstärkung dementsprechend zu wählen.
- Der Hund muss in jedem Fall psychisch in der Lage sein, die Negativverstärkung zu verkraften.

Beispiele

Beim sehr geräuschempfindlichen Hund genügt vielleicht das leichte Rasseln einer Wurfkette, um ihn vom Anbellen anderer Hunde abzuhalten, ein Schnauzgriff hingegen beeindruckt ihn gar nicht. Auch hier sind so viele Möglichkeiten gegeben, wie es Hunde gibt.

Ein sehr sensibler und eigentlich eher nervenschwacher Collie ist gleichzeitig ein so großer Jäger, dass er sich weder durch ein langes Schleppleinentraining sowie alle anderen Maßnahmen davon abhalten lässt. Selbst die Disk nützt nichts angesichts eines Hasen. Hier bleibt eigentlich nur noch das Stromreizgerät, was aber bei diesem Hund höchstwahrscheinlich zu einem Nervenzusammenbruch führen würde. Der Einsatz kann also keinesfalls befürwortet werden, der Hund wird zeitlebens in wildreichen Gebieten an der Schleppleine laufen.

BELOHNEN VON NICHTVERHALTEN

Was ist Nichtverhalten?

Was soll das bedeuten? Klingt völlig unlogisch und wird doch von vielen Hundehaltern praktiziert.

Beispiel

Manche Hunde bellen nur jeden 10., 20. oder gar 100. Jogger an. Der gestresste Hundebesitzer beobachtet jeden herannahenden Jogger argwöhnisch und stößt einen erleichterten Seufzer aus, wenn sein Hund diesen kommentarlos passieren lässt. Dankbar streichelt er seinen Hund oder steckt ihm eine Belohnung zu, „damit er lernt, das immer so zu machen". Dies ist absolut menschlich gedacht und gut gemeint, jedoch meist nicht von Erfolg gekrönt. Warum?

Vorsicht Falle!

Bleiben wir bei unserem Beispiel mit dem Jogger hetzenden Hund. Naht ein Jogger, hat der Hund verschiedene Möglichkeiten zu reagieren:

SITZ und Blickkontakt verlangen, Disk bereithalten. Sollte der Hund jetzt durchstarten, fliegt die Disk. Sicherheitshalber sollte die Leine anfangs festgehalten werden, damit niemand gefährdet wird.

- Er interessiert sich gerade für diesen Jogger nicht, weil er beispielsweise in diesem Moment einen interessanten Geruch entdeckt hat. Belohnt man den Hund jetzt, verknüpft er dies keinesfalls mit dem Jogger, sondern beispielsweise mit dem interessanten Geruch, seinem Hundekumpan auf der anderen Seite der Wiese oder dem Pferd hinterm Weidezaun. Nicht schlimm, aber auch nicht gerade hilfreich für unser Problem. Mit etwas Pech verstärkt man jedoch das Schnüffeln an benutzten Taschentüchern oder – noch schlimmer – an Wildspuren.
- Er bemerkt den herannahenden Jogger, überlegt sich einen Moment, diesen zu verbellen und entscheidet sich dann anders. Ist man als Mensch in der Lage, diesen Entscheidungsprozess zu erkennen, richtig einzuschätzen und punktgenau zu belohnen, hat man gute Chancen, dass der Hund sein unangenehmes Verhalten immer mehr einstellt. Es gibt hierbei nur ein Problem: Den richtigen Moment zu erkennen und nicht in Möglichkeit Nr. 3 zu geraten:
- Der Hund sieht den Jogger und überlegt, ob dieser wohl ein geeignetes Opfer sei. In diesem Moment spricht der Mensch seine „beruhigenden“ Worte, und was hört der Hund: Sein Mensch redet ihm gut zu! Da der Hund sich gerade schon in „Angriffslaune“ befindet, kann er nette Worte nur als Bestätigung auffassen und legt erst recht los! Das gleiche gilt natürlich für alle anderen Formen der positiven Verstärkung wie den Clicker, Lob oder auch nur ein freundlicher Blickkontakt vom Menschen.

Falls das Problem schon so weit fortgeschritten ist, dass der Mensch selbst schon beim Anblick eines Joggers in Stress gerät, kann dies beim Hund entweder als gemeinsames Angriffssignal gewertet werden oder – wenn die Angst überwiegt –, meint der Hund, diese „Gefahr“ beseitigen zu müssen. Wie man das Problem nun richtig löst, finden Sie im Kapitel „Leinenaggression“ (siehe S. 32).

AUSLASTUNGSMÖGLICHKEITEN UND FUTTER

Ist der Hund ausgelastet?

Wir überprüfen bei jedem Hund, der in unsere Hundeschule kommt, die körperliche und geistige Auslastung sowie seine Ernährung.
Bei problematischem Verhalten, z.B. bei Aggressivität oder Zerstörungswut (geistige und körperliche), muss unbedingt erst einmal die Auslastung des Hundes erhöht werden.
Bei halbwegs intelligenten Hunden genügt es auf keinen Fall, täglich 10 km Fahrrad zu fahren, wenn er sonst keinerlei oder auch nur wenig Gelegenheit hat, Umweltreize aufzunehmen und Sozialkontakte zu pflegen – von einer geistig fordernden Beschäftigung mal ganz abgesehen. Wie viel jeder Hund benötigt, ist natürlich individuell unterschiedlich und kann nicht pauschal beantwortet werden. Außerdem sollten Sie darauf achten, die Kondition Ihres Hundes nicht ununterbrochen zu steigern. Er wird bestimmt fitter als Sie! Wichtig ist auch, dass er im Herbst und Winter genau so viel Bewegung wie im Sommer erhält!

Beschäftigungsvorschläge

Viele Beschäftigungsideen finden Sie in unserem Buch „Erziehungsspiele für Hunde“. Gerade Tricks lassen sich mit wenig Zeit auch in der Wohnung einüben. Mittlerweile gibt es auch sehr schönes Beschäftigungsspielzeug wie Futterbälle und -würfel. Sogar ein „Hütchenspiel“ für Hunde ist auf dem Markt erhältlich. Fährtenarbeit oder Apportiertraining fordert sehr stark und macht gleichzeitig müde (Buchtipp – auch für Nicht-Retriever-Besitzer: „Die Kosmos-Retrieverschule“).

Futterwürfel

Hütchenspiel

Bekommt Ihr Hund das richtige Futter?

Bei vielen Hunden ist der Energiegehalt der Nahrung einfach zu hoch. Fast kein Hund benötigt ein Hochleistungsfutter, sei er auch noch so aktiv. Leider empfehlen viele Futterhändler bei temperamentvollen Hunden gerne ein High-Energy-Futter – völlig falsch! Je „wuseliger“ der Hund ist, desto eher sollte das Futter im Energiegehalt heruntergeschraubt werden.

Achten Sie auf den Rohproteingehalt!

Als Anhaltswert kann man den Rohproteingehalt nehmen. Er sollte bei „normalen“ Hunden unter 23% liegen, bei problematischen Hunden darf auch ein Seniorfutter mit unter 20% verwendet werden.

TIPP

In ganz schwierigen Fällen empfehlen wir, einige Wochen gekochten Reis unter das Futter zu mischen oder auch zwei Wochen komplett nur Reis zu füttern. Wichtig ist, dass der Hund in dieser Zeit auch keine Leckerchen mit hohem Fett- oder Zuckergehalt erhält. Inzwischen gibt es im Handel auch sehr fettarme Kauartikel, z.B. Straußenmagen.

Hyperaktive Hunde

Bei „hyperaktiven“ Hunden sollte man durchaus verschiedene Futtermarken testen, da der Rohproteingehalt offensichtlich nicht der einzige Anhaltspunkt ist. Auch der Fettgehalt und die Qualität der Rohstoffe, insbesondere die Eiweißquelle spielen ebenfalls eine Rolle.

Ein Beispiel: Unsere Australian-Shepherd-Hündin Lee ist so ein „Wusel“. Sie ist innerhalb der Wohnung bei Standardfutter unerträglich, läuft ständig Hin und Her und der am häufigsten zu hörende Ausruf aller Familienmitglieder lautet „Lee, leg dich hin!“ Dies befolgt Sie auch prompt. Sobald sich aber jemand bewegt, lässt ihre innere Unruhe ein längeres Liegen nicht zu, sie springt wieder auf, rennt Hin und Her, nimmt irgendetwas auf (wenn kein Spielzeug vorhanden ist, tut es auch ein Fussel) und tanzt damit herum. Und das macht sie auch noch um 22 Uhr abends oder länger. Erhält Lee ein proteinreduziertes Futter einer bestimmten Marke, ist sie insgesamt deutlich ruhiger und liegt ab 20 Uhr in ihrem Körbchen und schläft. Keine Sorge: Auch ein erwachsender Hund kann schon mit zwei oder drei Jahren ein Seniorfutter erhalten, ohne dass ihm dies schadet.

Bei unserer Hündin Lee zeigt sich eine Futterumstellung (oder eine häufige Leckerchengabe oder viele Kauknochen) innerhalb von zwei bis drei Tagen mit deutlich mehr „Gewusel“. Bei einer Umstellung auf Light-Futter jedoch dauert es

Hyperaktive Hunde sind unermüdlich. Eine Futterumstellung kann hier hilfreich sein.

oft vier bis sechs Wochen bis sich die ersten Auswirkungen beim Hund zeigen. Möchten Sie testen, ob das Verhalten Ihres Hundes durch eine Futterumstellung etwas verbessert werden könnte, können Sie zwei oder drei Wochen nur gekochten Reis verfüttern. Dann zeigt sich eine Verhaltensumstellung etwas schneller.
Interessanterweise nehmen hyperaktive Hunde bei einem kalorienreduzierten Futter nicht ab, sondern zu. Dies liegt wohl daran, dass Sie durch weniger Gewusel auch weniger Energie verbrauchen.

Vorsicht bei Allergie oder Krankheit!

Natürlich ist es auch im Bereich des Möglichen, dass Hunde auf einen bestimmten Inhaltsstoff allergisch bedingt mit Hyperaktivität reagieren. Dies sollten Sie mithilfe Ihres Tierarztes durch eine Ausschlussdiät überprüfen.

Hunde im Wachstum

Hunde im Wachstum dürfen natürlich nicht so drastisch im Futter begrenzt werden. Allerdings ist es auch nicht nötig, bis zum Alter von einem Jahr oder gar noch länger ein Aufzuchtfutter zu geben. Sprechen Sie bei einem hyperaktiven Junghund bitte mit Ihrem Tierarzt.

BLICKKONTAKT VERLANGEN

Dies ist eine sehr sinnvolle Übung und kann relativ leicht trainiert werden. Am einfachsten beginnen Sie zu Hause mit sehr schmackhaften Leckerchen (haben Sie einen mäkeligen Hund, muss es für den Anfang eben gekochtes Rinderherz oder Ähnliches sein). Bedroht Ihr Hund Sie, sobald Sie Futter in die Hand nehmen, können Sie diese Übung natürlich nicht durchführen!

Blickkontakt üben

Schritt 1

Zeigen Sie Ihrem Hund, dass Sie etwas besonders gutes haben. Halten Sie anschließend das Leckerchen vor Ihr Gesicht, so dass Ihr Hund zu Ihnen aufschaut. In dem Moment, in dem Sie Augenkontakt haben, sagen Sie **GUCK MAL** oder **SCHAU** oder Ähnliches und geben ihm die Belohnung. Dies wiederholen Sie einige Male.

Schritt 2

Danach können Sie in ablenkungsarmer Umgebung (zu Hause, im Garten, auf stillen Wegen etc.) bereits das Hörzeichen geben und Ihr Hund wird Sie erwartungsvoll anblicken. Üben Sie dies sehr häufig, aber steigern Sie die Ablenkung keinesfalls zu schnell, um sich das Hörzeichen nicht zu verwässern. Keinesfalls dürfen Sie sich verleiten lassen, das Hörzeichen schon in sehr schwierigen Situationen zu geben, damit Ihr Hund nicht lernt, es zu ignorieren.

DIE HAUSLEINE

Was ist eine Hausleine?

Eine Hausleine ist nichts weiter als eine ca. 150 bis 200 cm lange Schnur. Verwenden Sie am besten eine einfache Schnur aus dem Baumarkt oder eine Wäscheleine. Achten Sie darauf, dass keine Knoten und Schlaufen daran sind, damit der Hund nirgends hängen bleiben kann.

Wie wird die Hausleine getragen?

Ihr Hund sollte diese Hausleine ab sofort immer tragen, wenn Sie im Haus sind. Haben Sie Schwierigkeiten, Ihrem Hund Halsband und/oder Leine anzulegen, lassen Sie sie einfach dran. In diesem Fall sollte der Hund aber nicht längere Zeit unbeaufsichtigt sein, damit er sich nirgends „fesseln" kann.

Einsatzgebiete

Ihr Hund darf nicht mehr in die Küche oder aufs Sofa? Aber Sie sind noch nicht so weit, dass Sie ihn einfach lässig hinausschicken oder vom Sofa weisen können? Und wenn Sie versuchen, ihn am Halsband zu fassen, knurrt er Sie an? Selbstverständlich sollte Ihr Hund nach erfolgter Maulkorbgewöhnung jetzt immer einen Maulkorb tragen. Trotzdem ist es nicht besonders förderlich, erschrocken zurückzuzucken, wenn der Hund schnappt. Dies ist eine ganz verständliche Reaktion Ihrerseits, auch wenn Ihnen Ihr Verstand sagt, dass Ihr Hund Sie mit Maulkorb ja gar nicht mehr beißen kann. Ihr Hund wird das Zurückzucken registrieren und als Erfolg verbuchen. Dies ist jedoch nicht besonders förderlich, wenn man das Verhalten des Hundes ändern möchte. Also brauchen wir jetzt eine Hausleine!

Eine Hausleine ist ein wertvolles Hilfsmittel.

Zurück zu unserem Küchen- oder Sofaproblem. Ihr Hund hat es sich also gerade verbotenerweise auf dem Sofa gemütlich gemacht. Womöglich starrt er Sie auch noch herausfordernd an? Tun Sie so, als ob Sie dies nicht bemerken würden, schauen Sie ihn nicht an, sondern nähern Sie sich der Hausleine und nehmen Sie sie auf, immer noch, ohne den Hund anzusehen. Wenn Sie sehr unsicher sind, gehen Sie einfach mit der Leine in der Hand ein paar Schritte weg, bis Ihr Hund vom Sofa plumpst.

Ihr Hund weigert sich das Sofa zu räumen? Nehmen Sie die Hausleine auf und gehen Sie zielsicher los, ohne Ihren Hund zu beachten und ...

... Ihr Hund fällt vom Sofa.

Sobald Sie sich sicher genug fühlen, gehen Sie anders vor: Nehmen Sie die Leine auf und befehlen Sie Ihrem Hund, das Sofa (oder die Küche oder ...) zu verlassen. In ruhigem, bestimmten Ton, souverän und selbstsicher. Ignorieren Sie jegliche „Antwort“ Ihres Hundes. Lassen Sie ihm ca. 2 Sekunden Zeit, Ihrer Aufforderung nachzukommen. Er geht nicht? Dann zupfen Sie ihn mittels der Hausleine kurz und bestimmt herunter bzw. heraus. Loben Sie nicht, ignorieren

Sie ihn und kümmern sich einfach weiter um Ihren Alltag. Keine Sorge, ein gesunder Hund verkraftet einen unsanften Abgang vom Sofa problemlos. Hat Ihr Hund jedoch Gelenk- und/oder Rückenprobleme, sollten Sie ihm mittels Besenstilen, Kartons etc. den Platz auf dem Sofa so ungemütlich machen, dass er es gar nicht erst besteigt (siehe Basisplan S. 119).

Ein weiteres Einsatzgebiet der Hausleine ist zu Beginn der Aufenthaltsort des Hundes während Ihrer Mahlzeiten. Und in seinem Korb bleibt er auf Befehl auch noch nicht? Gerade zu Beginn der Korrekturerziehung testet Ihr Hund Sie wahrscheinlich gnadenlos aus und Nachgiebigkeiten können Sie sich noch lange nicht leisten.

Hier wird der Hund mit Hilfe der Hausleine auf seinen Platz geschickt.

Auf seinem Platz muss er dann liegenbleiben.

Dübeln Sie einen der Größe Ihres Hundes angepassten Haken in die Wand neben seinem Korb oder seiner Decke. Befehlen Sie Ihrem Hund einmal, seinen Platz aufzusuchen (keine Predigt, ein einfaches, kurzes Hörzeichen reicht aus – wir gehen davon aus, dass Ihr Hund weiß, was Sie damit meinen?). Auch hier hat Ihr Hund wieder nur 2 Sekunden Zeit, Ihren Wünschen nachzukommen. Danach nehmen Sie kommentarlos die Hausleine auf, führen Ihren Hund zu seinem Haken. Dort hängt eine kurze Leine bereit, mit der Sie ihn an seinem Platz halten können. Verlangen Sie noch nicht, dass er sitzen- oder liegenbleibt, so weit sind Sie noch nicht! „Haken" Sie Ihren Hund erst wieder ab, wenn Sie möchten und wenn er gerade ruhig ist. Keinesfalls sollten Sie ihn befreien, wenn er winselt, kratzt oder sonst irgendwie Ungeduld zeigt. Natürlich sollte Ihr Hund nicht stundenlang angebunden bleiben.

DER MAULKORB

Ist ein Maulkorb grausam?

Vielen Menschen erscheint es sehr grausam, wenn ein Hund den Maulkorb über einige Tage oder Wochen hinweg ständig tragen soll. Jedoch ist dies oft die einzige Möglichkeit, den Hund erfolgreich umzuerziehen und ihm so den „Hundehimmel“ oder einen langjährigen Tierheimaufenthalt zu ersparen. Wird der Hund sorgfältig und langsam an einen gut sitzenden Maulkorb gewöhnt, halten wir es durchaus für vertretbar und keineswegs für Tierquälerei.

Gut geeignete Modelle

Softmaulkorb aus Nylon. Bitte in keinem Fall verwenden, da der Hund nicht hecheln und trinken kann!

Welches Modell ist am besten?

Es gibt inzwischen viele verschiedene Maulkorbmodelle auf dem Markt, Modelle aus Edelstahl, Nylon, verschiedenen Kunststoffen, Leder und sogar einen Maulkorb, der über Funk per Knopfdruck geöffnet werden kann.

Wir empfehlen die so genannten Baskervillemaulkörbe aus einfachem Kunststoff. Sie sind leicht, gut zu reinigen, billig in der Anschaffung (von den Sondermodellen für Boxer, Rottweiler etc. einmal abgesehen) und der Hund kann gut damit hecheln, trinken und sogar fressen.

Maulkörbe aus Leder haben den Nachteil, dass sie sehr schnell durch Speichel und Wasser hart werden und dann entweder scheuern oder sehr pflegeintensiv sind.

Achtung!

Absolut ungeeignet für unsere Zwecke sind so genannte Soft-Maulkörbe aus Nylon, da der Hund nicht hecheln und trinken kann. Kann er es mit diesem Maulkorb doch, ist er zu groß! Bei Maulkörben aus Metall muss unbedingt auf eine gute Qualität geachtet werden. Der Maulkorb darf keine scharfen Kanten oder Ecken aufweisen. Gute Modelle sind nicht billig!

So sitzt der Maulkorb richtig!

Der Maulkorb muss gut sitzen, darf nirgends drücken, aber auch nicht über die Nase gezogen werden. Lieber ein wenig größer wählen und den Nackenriemen zusätzlich durchs Halsband schlaufen.

Die Gewöhnung an den Maulkorb

Ist Ihr Hund so aggressiv, dass wirklich akute Gefahr für Sie oder andere Menschen besteht, verzichten Sie auf die Gewöhnung. Schmieren Sie in den Maulkorb reichlich Streichwurst und lassen Sie ihn in den nächsten Tagen ohne Unterbrechung am Hund, bis Sie eine Verhaltensbesserung bemerken. Diese – zugegebenermaßen – nicht besonders tierfreundliche Methode ist jedoch in den seltensten Fällen notwendig. Evtl. könnte Ihnen auch ein guter Hundeexperte helfen, das Pro-

Der Border Collie Jordy trägt für das Foto einen Baskervillemaulkorb aus einfachem Kunststoff.

blem ohne Maulkorb zu lösen. Auch bei Hunden, die sich nicht körperlich manipulieren lassen (beispielsweise beim Bürsten oder Halsband an- oder ausziehen), funktioniert folgende Art der Maulkorbgewöhnung.

Schritt 1

Streichen Sie großzügig Streichwurst in den Maulkorb. Lassen Sie Ihren Hund ruhig dabei zusehen und erzählen Sie ihm dabei, wie wunderbar und großartig dieser Maulkorb ist. Dann halten Sie Ihrem Hund den Maulkorb so entgegen, dass er bequem die Nase hineinstecken kann. Vermeiden Sie dabei, sich über den Hund zu beugen, da dies auf viele Hunde bedrohlich wirkt. Am besten, Sie setzen sich dabei hin. Versuchen Sie noch nicht, den Nackenriemen zu schließen. Wenn Sie möchten, können Sie diesen Vorgang jetzt zwei- oder dreimal wiederholen. Dies führen Sie so einige Tage durch, optimalerweise jeden Tag mehrfach.

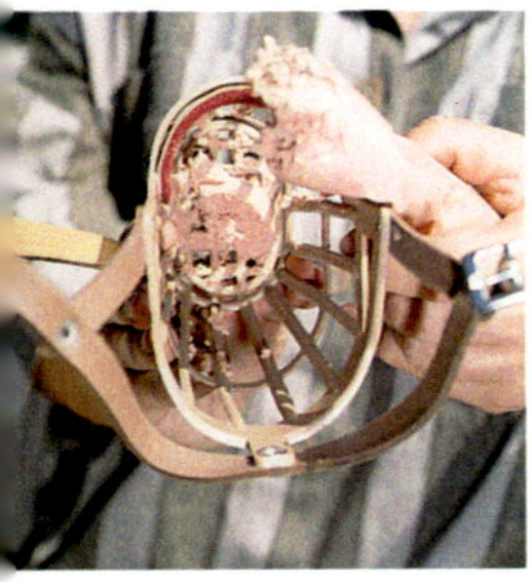

Schritt 2

Nach und nach können Sie damit beginnen, mit den Nackenriemen herumzuhantieren und sie schließlich auch zu schließen. Sobald Ihr Hund die ganze Wurst herausgeleckt hat, öffnen Sie die Riemen wieder.

Schritt 3

Als nächsten Schritt öffnen Sie den Maulkorb nicht sofort, wenn die Streichwurst abgeleckt ist, sondern stecken Ihrem Hund durch die Gitter des Maulkorbs noch einige Stückchen Wurst oder Käse zu. Verlängern Sie jetzt nach und nach die Tragezeit. Gleichzeitig verringern Sie die Häufigkeit der Leckerchen. Nach spätestens zwei Wochen sollte sich Ihr Hund an den Maulkorb gewöhnt haben. Ab und zu wird er zwar noch versuchen ihn abzustreifen, aber dies ignorieren Sie entweder oder Sie lenken ihn mit Futter ab.
So an den Maulkorb gewöhnte Hunde lassen sich den Maulkorb auch dann noch problemlos anziehen, wenn sie wissen, dass sie ihn in den nächsten Stunden tragen werden.

Vorsicht!

Lassen Sie Ihren Hund erst nach erfolgreicher Gewöhnung mit dem Maulkorb allein. Auch nach Gewöhnung sollten Sie den Hund einige Stunden nach einer Mahlzeit nicht allein lassen. Die einzige wirkliche Gefahr ist, dass der Hund sich direkt nach einer Mahlzeit erbricht und das noch gar nicht oder nur halbverdaute Futter den Maulkorb verstopft und der Hund erstickt. Lassen Sie lieber einmal eine Mahlzeit ausfallen, bevor Sie Ihren Hund diesem Risiko aussetzen.

Vorurteile

Das beliebte Vorurteil „Hunde werden durch den Maulkorb erst aggressiv" können wir nicht bestätigen. Die meisten Hunde sind durch den Maulkorb auch nach entsprechender Gewöhnung ein wenig „deprimiert" und „gedrückt", dies ist aber angesichts der Problematik eher als Vorteil für den Menschen zu werten.
Manche Hunde reagieren beim allerersten Anblick eines Maulkorb tragenden Artgenossen erst einmal verwirrt und zurückhaltend, gewöhnen sich aber in der Regel sehr schnell. Auch das beliebte Argument, Hunde könnten dann die Mimik

Der Labrador steckt seine Nase in den unwiderstehlich nach Streichwurst riechenden Maulkorb. Die Besitzerin sitzt dabei entspannt auf einer Bank – eine ideale Haltung für diese Prozedur.

WICHTIG

Bitte achten Sie darauf, den Maulkorb nicht nur für die Trainingssituationen anzulegen, sondern auch immer wieder „einfach so". Der Hund soll den Maulkorb als alltäglich empfinden.

des „Maulkorbkandidaten" nicht richtig lesen, stimmt nicht ganz. Es hängt vielmehr von den Möglichkeiten des Hundes ab, der den Maulkorb trägt. Ein Husky beispielsweise hat auch mit Maulkorb noch eine klar erkennbare Mimik, der Briard – aufgrund der langen Haare – weder mit noch ohne Maulkorb. Diese Erfahrung wurde uns auch von Günther Bloch bestätigt, der in der Hundefarm Eifel eine der größten Erfahrungen mit Gruppenhaltung von Hunden und der Integration von Maulkorb tragenden Hunden hat.
Wir möchten auch darauf hinweisen, dass gerade extrem langhaarige Hunde wie der eben genannte Briard (oder Tibet Terrier, Bobtails etc.) dringend darauf angewiesen sind, dass sie ein freies Gesichtsfeld bekommen. Das heißt, entweder die Haare vor den Augen hochbinden oder abschneiden! Lassen Sie sich nicht einreden, der Hund könne durch die Haare „wie durch eine Gardine" sehen.

Maulkorb und Halti – der Hund trägt den Maulkorb über dem Halti.

Halti und Maulkorb – ist beides möglich?

Muss Ihr Hund jetzt also einen Maulkorb tragen, können Sie trotzdem ein Kopfhalfter verwenden. Legen Sie erst das Halti und danach den Maulkorb an. Den Ring des Haltis, in den die Leine eingehängt wird, können Sie durch das Gitter des Maulkorbes herausziehen und dann problemlos benutzen.

SCHLUSSBEMERKUNG

Alle in diesem Buch unterbreiteten Lösungsvorschläge basieren auf unserer langjährigen Erfahrung, dem Austausch mit vielen anderen erfahrenen Hundetrainern und deren Publikationen und beschreiben unseren Arbeitsstil.
In der Hundeszene tobt seit langem ein teilweise extrem verbittert ausgetragener Methodenstreit. Wir möchten dieses Buch zum Anlass nehmen, zu ein wenig mehr Toleranz aufzurufen. „Viele Wege führen nach Rom" sagt absolut zutreffend der Volksmund. Dem möchten wir uns ausdrücklich anschließen. Auch unsere „Methode" ist keine Methode oder gar Philosophie, sondern stellt nur einen kleinen Ausschnitt aller Möglichkeiten zur erfolgreichen Hundeerziehung dar. Selbstverständlich sollte sein, dass brutale und unangemessenes Handeln weder Mensch noch Tier gegenüber angewandt werden darf. Damit jedoch fängt der Streit schon an: Was ist Gewalt? Für manche Hundeliebhaber ist es bereits das Anlegen eines Halsbandes, für Andere ist Gewalt noch nicht einmal das Anspitzen eines Stachelhalsbandes. Schlimmeres möchten wir erst gar nicht erwähnen.
Wir selbst und viele unserer Kolleginnen und Kollegen arbeiten nach dem Motto: So sanft wie möglich und so bestimmt wie nötig. „Bestimmt" ist bei jedem Hund jedoch individuell und immer wieder neu zu bewerten: Hüten Sie sich vor Pauschalbeurteilungen! Für den einen Vierbeiner ist bereits ein lau-

Petra Führmann mit Aussie Shean

tes Wort zu viel, für einen anderen hingegen ist auch ein wiederholter Ruck an der langen Leine oder ein energisch ausgeführter Schnauzgriff nur mäßig beeindruckend.
Das Gleiche gilt für die endlich auch auf breiter Basis vermehrt eingesetzte positive Verstärkung von erwünschten Verhaltensweisen. Selbst über dieses Thema sind schon böse, sehr emotional geführte Diskussionen ausgetragen worden. Dabei ist es unserer Meinung nach so einfach: Eine positive Verstärkung erreiche ich, wenn dieser ganz spezielle Hund es als Belohnung empfindet. Die Vorlieben der Vierbeiner sollten hier doch entscheidend sein: Vom liebevollen Streicheln, dem trockenen Gemüsecracker, dem Stück Trockenfutter, Leckerchen mit Lachs, getrocknetem Pansen, gekochtem Rinderherz, gebratendem Putenfleisch oder einem geworfenes Bällchen oder Dummy reicht die Palette der Möglichkeiten. Sich darüber zu streiten, ob jetzt die Belohnung durch Motivationsspiel, Streicheln oder gebratenem Fleisch (mit und ohne Click davor) die bessere, gar „moralisch höherstehende" ist, dürfte unsere Hunde nur zu verständnislosem Kopfschütteln veranlassen, wenn Sie sich an unseren Diskussionen beteiligen könnten.
Von allem oben angeführten mal ganz abgesehen, darf auch das obere Ende der Leine hier nicht außer Acht gelassen werden. Alle noch so ausgeklügelten Erziehungsmethoden nützen rein gar nichts, wenn der dazugehörige Mensch sich dabei unwohl fühlt oder außerstande ist, diese umzusetzen.

Iris Franzke mit Aussie Red

ZUM WEITERLESEN

Bloch Günther,

Timberwolf Yukon & Co., Kynos, 2002

Der Familienbegleithund im modernen Hausstand, Westkreuz-Verlag, 2001

Der Wolf im Hundepelz, Westkreuz-Verlag, 1997

Coppinger, Ray & Lorna,

Hunde, Animal-Learn-Verlag, 2003

Feddersen-Petersen, Dr., Dorit

Hundepsychologie, Kosmos, 2003

Führmann Petra, Nicole Hoefs

Das Kosmos-Erziehungsprogramm für Hunde, Kosmos, 1999

Das Kosmos-Erziehungsprogramm für Hunde. Das Video Kosmos, 2001

Erziehungsspiele für Hunde, Kosmos, 2002

Gansloßer Udo,

Säugetierverhalten

Jones, Dr. Renate

Aggressionsverhalten bei Hunden, Kosmos, 2003

Niepel, Dr. Gabriele

Welpenspielstunde, Müller Rüschlikon, 2001

Buch und Video

Schmidt Wolf-Dieter,

Verhaltenstherapie des Hundes, Schlütersche Verlagsanstalt, 2002

Schöning, Dr. Barbara

Hundeverhalten, Kosmos, 2001

Winkler Sabine,

So lernt mein Hund, Kosmos, 2001

NÜTZLICHE ADRESSEN

Hundeschule Aschaffenburg
Petra Führmann und Iris Franzke GbR
Elsässer Str. 6
63739 Aschaffenburg
Tel.: 06021/20156
Fax: 06021/219194
email: info@hundeschule-ab.de
www.hundeschule-aschaffenburg.de
www.hda-hundebedarf.de
www.hundeshop-ab.de

Petra Führmann mit ihren Hunden Shean und Jordy in einer Pause beim Fototermin

Wenn Sie ein Problem mit Ihrem Hund haben, können Sie sich gerne an uns wenden. Bitte bedenken Sie aber, dass wir keinerlei Ferndiagnosen stellen können und dies auch in höchstem Maße inkompetent und unseriös wäre. Sie können uns aber gerne in unserer Hundeschule besuchen oder wir empfehlen Ihnen Adressen von kompetent arbeitenden Hundeerziehern.
(Anfragen bitte per eMail oder mit frankiertem Rückumschlag. Herzlichen Dank.)
Bei uns erhalten Sie außerdem nützliches und notwendiges Zubehör.

Hundeakademie Darmstadt
Perdita Lübbe-Scheuermann
Goethestraße 27,
64347 Griesheim
Tel. 06155/44 34
info@hundeakademie.de
www.hundeakademie.de

Günther Bloch
Von-Goltstein-Str. 1
53902 Bad Münstereifel-Mahlberg
Tel. 02257/952661

Hundeschule Waldblick
Joachim Füger
Waldhausstr. 2
91180 Heideck
Tel. 09177/90672

Weitere Adressen erhalten Sie auf Anfrage gerne von uns!

QUELLEN

Aldington Eric,
Von der Seele des Hundes,
Gollwitzer, 1985
Was tu ich nur mit diesem Hund?
Gollwitzer, 1985

Archer, J.,
Aggression, Cambridge Press, 1987

Bernauer-Münz Heidi, Christiane Quandt,
Problemverhalten beim Hund,
Gustav Fischer, 1995

Bloch Günther,
Der Wolf im Hundepelz,
Westkreuz-Verlag, 1997
Der Familienbegleithund im Modernen Hausstand,
Westkreuz-Verlag, 2001
Timberwolf Yukon & Co.,
Kynos, 2002

Brunner Ferdinand,
Der unverstandene Hund,
Neumann-Neudamm, 1988

Coren Stanley,
Die Intelligenz der Hunde,
Rowohlt, 1995

Dodmann Nicholas,
Wer ist hier der Boß?
Hoffmann und Campe, 1996

Feddersen-Petersen, Dr., Dorit,
Fortpflanzungsverhalten beim Hund,
Gustav Fischer, 1994
Hunde und ihre Menschen,
Kosmos, 2001
Hundepsychologie,
Kosmos, 2003

Feddersen-Petersen, Dr., Dorit, Ohl Frauke,
Ausdrucksverhalten beim Hund,
Gustav Fischer, 1995

Fisher John,
Vom Strolch zum Freund – Das ABC für Problemhunde,
Müller Rüschlikon, 1995
Verhaltensstörungen bei Hund und Katze, Kynos, 1996

Fogle Bruce,
Was geht in meinem Hund vor?
Lübbe, 1993

Fox, Dr., Michael,
Partner Hund,
Müller Rüschlikon, 1994

Gansloßer,P.D. Dr.,Udo,
Säugetierverhalten,
Fürth, 1997

Hart Benjamin, Hart Lynette,
Verhaltenstherapie bei Hund und Katze, Enke, 1991

Hassenstein Bernhard,
Verhaltensbiologie des Kindes,
Piper, 1987

Immelmann Klaus,
Einführung in der Verhaltensforschung,
Parey, 1983

Jones, Dr., Barbara,
Aggressionsverhalten bei Hunden,
Kosmos, 2003

Lewis Lon, Morris Mark, Hand Michael,
Klinische Diätetik für Hund und Katze,
Schlütersche Verlagsanstalt, 1990

Lorenz Konrad,
Das sogenannte Böse,
DTV, 1990
Die Rückseite des Spiegels/Der Abbau des Menschlichen,
Piper, 1988
Er redete mit dem Vieh, den Vögeln und den Fischern,
DTV, 1991
So kam der Mensch auf den Hund, DTV
Über tierisches und menschliches Verhalten I., Piper
Über tierisches und menschliches Verhalten II.,
Piper

Mönche von New Skete,
Ullstein, 1997

Mugford, Dr., Roger,
Hunde auf der Couch,
Kynos,1991
Hundeerziehung 2000,
Kynos, 1992

O'Farell Valerie,
Verhaltensstörungen beim Hund, Schaper, 1991

Schöning Barbara,
Hundeverhalten,
Kosmos, 2001

Stern Horst,
Bemerkungen über Hunde,
Kosmos, 1994

Tortora Daniel,
Schwieriger Hund was tun?
Müller Rüschlikon, 1979

Trumler Eberhard,
Das Jahr des Hundes,
Kynos, 1984
Der schwierige Hund,
Kynos, 1987
Ein Hund wird geboren,
Kynos, 1992
Hunde ernst genommen,
Piper, 1974
Mensch und Hund,
Kynos, 1988
Mit dem Hund auf Du,
Piper, 1971
Ratgeber für den Hundefreund,
Piper, 1977

Wachtel Hellmuth,
Hundezucht 2000,
Gollwitzer, 1997
Das Buch vom Hund,
Cadmos, 2002

Weidt Heinz,
Der Hund mit dem wir leben: Verhalten u. Wesen,
Parey, 1989

Winkler Sabine,
So lernt mein Hund,
Kosmos, 2001

Zimen Erik,
Der Hund,
Goldmann, 1992
Der Wolf,
Kosmos, 2003

REGISTER

Bildnachweis
Alle Fotos von Christof Salata / Kosmos. Mit Ausnahme von:
Thomas Höller / Kosmos (1 Foto: S. 55; 2 Fotos: S. 56/57); Karl-Heinz Widmann / Kosmos (3 Fotos: S. 34; 3 Fotos: S. 36/37; 2 Fotos: S. 77/78; 1 Foto: S. 79 oben; 1 Foto: S. 80; 2 Fotos: S. 94; 4 Fotos: S. 104/105)

Impressum
Umschlaggestaltung von eStudio Calamar unter Verwendung eines Fotos von Christof Salata / Kosmos.

Mit 240 Farbfotos

Bibliographische Information der Deutschen Bibliothek
Die Deutsche Bibliothek verzeichnet diese Publikation in der Deutschen Nationalbibliografie; detaillierte bibliografische Daten sind im Internet über http://dnb.ddb.de abrufbar.

KOSMOS Postfach 106011
D-70049 Stuttgart
TELEFON +49 (0)711-2191-0
FAX +49 (0)711-2191-422
WEB www.kosmos.de
E-MAIL info@kosmos.de

Alle Angaben in diesem Buch erfolgen nach bestem Wissen und Gewissen. Sorgfalt bei der Umsetzung ist indes dennoch geboten. Der Verlag und der Autor übernehmen keinerlei Haftung für Personen-, Sach- oder Vermögensschäden, die aus der Anwendung der vorgestellten Materialien und Methoden entstehen könnten.

Gedruckt auf chlorfrei gebleichtem Papier

ISBN 3-440-09478-2
Redaktion: Ute-Kristin Schmalfuss, Hilke Heinemann
Gestaltungskonzept: eStudio Calamar
Produktion: Kirsten Raue / Markus Schärtlein
Printed in Slovakia / Imprimé en Slovaquie